COMPACT ZULU DICTIONARY

ENGLISH — ZULU
ZULU — ENGLISH

COMPILED BY
G. R. DENT

EDITED BY
C. L. S. NYEMBEZI

First Edition 1959
Third Edition (Revised and Enlarged) 1964
16th Impression *1978*

490768679

ISBN 0 86985 024 5

Printed by The Natal Witness (Pty) Ltd., Pietermaritzburg, Natal.

2217L

INTRODUCTION

This abridged dictionary is intended for those people who find the more comprehensive dictionaries too cumbersome and too detailed for their needs.

The following publications have been freely consulted during the compilation of this dictionary, and full acknowledgement is made for all material which has been used.

Zulu-English Dictionary. Doke and Vilakazi (*Witwatersrand Univ. Press*).

English-Zulu Dictionary. Doke, Malcolm, Sikakana (*Witwatersrand Univ. Press*).

Zulu-English Dictionary. A. T. Bryant (*Mariannhill Mission Press*).

An Abridged English-Zulu Word Book. A. T. Bryant (*Mariannhill Mission Press*).

In Zulu the noun consists of a prefix and a stem. If the prefix is removed the stem remains, and all nouns are entered under the first letter of the stem.

Thus the nouns umfana (boy) and abafana (boys) are divided into the singular prefix um- and the stem -fana, and the plural prefix aba- and the stem -fana. All nouns are shown in their full form, both singular and plural, where both singular and plural occur in common usage.

Nouns in Zulu are divided into classes according to the form their prefixes take. It is generally accepted that for normal purposes there are eight classes of nouns, as listed in the following table:—

1.   umu-ntu, aba-ntu
   um-fundisi, aba-fundisi
   um-shayeli, aba-shayeli
   (umu->aba-)
1. (*a*) u-baba, o-baba
   u-dade, o-dade
   u-sheleni, o-sheleni
   (u->o-)
2.   um-lenze, imi-lenze
   um-thunzi, imi-thunzi
   umu-thi, imi-thi
   (umu->imi-)
3.   i-qanda, ama-qanda
   i-bhola, ama-bhola
   i-dolo, ama-dolo
   (i->ama-)

There are a number of words in this class which appear only in the plural, e.g., ama-futha, ama-zolo, ama-khaza. (The full form of the singular prefix here is ili-).

4. isi-khulu, izi-khulu
isi-cebi, izi-cebi
isi-bhatata, izi-bhatata
     (isi- > izi-)

5. in-ja, izin-ja
in-gwenya, izin-gwenya.
in-tandane, izin-tandane
     (in- > izin-)

6. u-donga, izin-donga
u-phaphe, izimphaphe (izimpaphe)
u-fudu, izim-fudu
     (u- > izim-, izin-)
(The full form of the singular prefix here is ulu-).
There are a number of nouns of this class which appear only in the singular, e.g.:
ubisi
uxolo

7. The prefix in this class is not indicative of number.
ubu-hlalu
ubu-bi
ubu-hle
     (ubu-)

8. The nouns in this class have the same form as the verb infinitive. The prefix is not indicative of number.
ukukhanya
ukudlala
ukuhamba
     (uku-)

PRONUNCIATION

In an abridged dictionary of this type pronunciation of English or Zulu words has not been indicated, either by marks to indicate the stressed syllables or by phonetic script.

For the non-Zulu speaking person, a brief indication of the pronunciation of the vowels and consonants in the Zulu language has been given.

In English, as in Zulu, the best method of learning the pronunciation of exceptional or unusual words is to ask an English speaking or a Zulu speaking person to pronounce the word, and then to imitate this pronunciation.

Most of the standard dictionaries also indicate pronunciation.

PRONUNCIATION: ZULU

In the standard orthography now in use, no additional letters beyond the normal twenty-six letters of the alphabet are used to represent the sounds in the Zulu language.

There are a number of sounds which are not adequately represented by these letters. In the interests of uniformity however it was decided to use only the twenty-six letters, and therefore one letter may represent more than one sound, and it is necessary to use combinations of letters to represent other recognised sounds.

The vowel "e" for example is sometimes pronounced as in the English word "bed" and sometimes as in the English word "lay".

It is hardly possible to learn the correct pronunciation of Zulu sounds from a text book. The only really feasible method is to ask a Zulu-speaking person to pronounce the word, and then to attempt to imitate his pronunciation.

Zulu is a tonal language, the tone of the word frequently determining its meaning. This is a further urgent reason for learning to pronounce the more difficult Zulu words by listening to a Zulu speaking person saying them.

There are three click sounds represented by the letters "c", "q", and "x". These appear also in various combinations, and will be treated as they appear in the alphabet.

Generally speaking the main stress in a Zulu word occurs on the penultimate syllable.

Vowels

a is pronounced as in the English word "bark", e.g. udaka (mud).
e usually is pronounced as in the English word "bed", but also as in the English word "lay", e.g. deda (move aside); ihele (row of people).
i is pronounced as in the English word "feast", e.g. biza (to call).
o is used to represent two sounds as in the English words "shawl" and "coat", e.g. ibhola (ball); isigodi (ravine).
u is pronounced as in the English word "fool", e.g. imbuzi (goat).

Semi-vowels

y is pronounced as in the English word "yeast", e.g. uyise (his/her father).
w is pronounced as in the English word "well", e.g. amawele (twins).

Consonants

b this is a soft "b" sound pronounced with bilabial implosion, e.g. ubaba (my/our father); bala (count).
bh this is a hard "b" sound pronounced as in the English word "bed". This is a bilabial explosive sound, e.g. bhala (write); ibhala (a barrow).
c this is a click sound. It is the sound sometimes made in English to express exasperation. The sound is made by pressing the tip of the tongue against the forepart of the upper mouth, and then withdrawing it, e.g. cela (to ask); ceba (to inform against).
ch this is the "c" sound aspirated, e.g. chela (sprinkle with water): ichibi (pond).

d　　this is pronounced as in the English "dark", e.g. idada (duck); deka (lay the table).

dl　　this is a fully voiced sound. It is a merging of the normal English "d" and "l" sounds, e.g. dlala (to play).

g　　is pronounced as in the English word "fair", e.g. fela (to spit).
is pronounced as in the English words "golf", "gather". It is never given the "g" sound as in the word "gentle", e.g. goba (to bend); igama (name).

gc　　this is a voiced combination of the "g" and "c" sounds, e.g. gcaba (to vaccinate).

gq　　this is a voiced combination of the "g" sound and the click sound "q", e.g. gqabuka (be torn off).

gx　　this is a voiced combination of the "g" sound and the click sound "x", e.g. imigxala (crow bars).

h　　in some words this is pronounced as in the English word "hand", and in others as in the Afrikaans word "hand". (The double "h" for the second "h" sound is no longer used), e.g. hamba (go); ihashi (horse).

hl　　this is pronounced as is the "ll" in Welsh, e.g. hlaba (stab).

j　　this is pronounced as in the English word "jig", e.g. jika (make a turn).

k　　this is pronounced as in the English word "scheme", e.g. ikati (cat).
In many Zulu words "k" represents a softer sound than this, something between a "k" and a "g". e.g. ukuma (to stand); uThukela (Thukela river).

kh　　this is an aspirated sound. It is pronounced rather like the "c" in the English word "comb", e.g. ukhezo (spoon).

kl　　this is often found to be the most difficult sound to pronounce. It is a type of tearing sound made towards the back of the throat, e.g. klekla (pierce the ears); klwebha (scratch).

l　　is pronounced as in the English word "land", e.g. lamba (be hungry).

m　　is pronounced as in the English word "man", e.g. umama (my/our mother).

n　　is pronounced as in the English word "nine", e.g. nona (become fat).

nc　　this is a nasalised sound. It is a combination of the "n" sound and the "c" click sound, e.g. ncika (lean against).

ng　　this is pronounced as in the English word "linger", e.g. amanga (falsehood). It is never pronounced as in the English word "strange".

ngc　　this is a voiced nasal sound, e.g. isingci (heavy rain).

ngq　　this is a voiced nasal sound, e.g. ungqi (full stop).

ngx　　this is also a voiced nasal sound, e.g. ngxama (be angry).

nq　　this is a nasalised form of the "q" click sound, e.g. inqama (ram).

nx　　this is a nasalised form of the "x" click sound, e.g. inxeba (wound).

p　　this is pronounced as in the English word "speech", e.g. ipiki (a pick).

ph　　this is the aspirated form of the "p" sound. It is never pronounced as in the English word "phone", e.g. phatha (to hold).

q　　this is a click sound. In order to sound this press the front part of the tongue against the upper part of the mouth, and then release the tongue sharply, e.g. qamba (make up).

qh this represents the aspirated form of this click, e.g. qhamuka (appear).

r the "r" as pronounced in English words does not occur in Zulu. It is now found in a number of imported words, e.g. irayisi (rice).

s this is pronounced as in the English word "silk". It is never given the "z" sound as in "hose", e.g. sika (to cut).

sh this is pronounced as in the English word "should", e.g. shuka (rub together).

t is pronounced as in the English word "tort", e.g. totoba (walk with a halting gait).

th this is an aspirated form of the "t" sound. It is never pronounced as in the English word "this", e.g. thoba (foment).

tsh this is pronounced as in the English word "cheek", although the Zulu sound is more ejective; e.g. tshinga (throw away).

v is pronounced as in the English word "valour", e.g. vama (abound).

x this is the sound sometimes made to indicate exasperation, or to urge a horse on to greater speed, e.g. ixoxo (frog).

xh this is the aspirated form of the "x" click sound, e.g. xhuma (join together).

z this is pronounced as in the English word "zinc", e.g. ziba (pretend).

Abbreviations

The following abbreviations are in general use in written Zulu:—

a.m.	a.m.
p.m.	p.m.
e.g.	izib. (izibonelo)
i.e.	i.e.
Dr.	Dr.
Miss	Nks. (Nkosazane)
Mr.	Mnu. (Mnumzane)
Mrs.	Nkz. (Nkosikazi)
etc.	njll. (njalo njalo)
Rev.	Mf. (Mfundisi)
St.	St. (isitaladi)

THE DICTIONARY

ENGLISH—ZULU

A

abandon (v), shiya (leave behind); lahla (throw away); hlubuka (abandon one's friends).

abate (v), bohla, khawuka, nciphisa.

abattoir (n), amadela; emadeleni (at the abattoir); isilaha, amasilaha.

abbreviate (v), fingqa; nciphisa (decrease); finyeza.

abdomen (n), isisu, izisu.

abduct (v), thumba.

abet (v), duda.

abhor (v), canukela; enyanya; nenga.

abhorrent (a), -enyanyekile, -nengekile, -enyanyekayo, -nengekayo.

abide (v), hlala; nyamezela.

ability (n), ukwazi; ubungcweti (marked ability).

ablaze (adv), sha; vutha amalangabi.

able (a), -nokwazi; -nokuhlakanipha.

ably (adv), -ngokwazi; -ngokuhlakanipha.

abnormal (a), -ngandile; -ngavamile; -ngahambi ngohlelo.

abode (n), umuzi, imizi (kraal, homestead); ikhaya, amakhaya (home); indlu, izindlu (house, room).

abolish (v), chitha; esula; qeda.

abolition (v), ukupheliswa; ukuchithwa.

abominable (a), -enyanyekile; -nengekile, -enyanyekayo, -nengekayo.

aboriginal (a), -mdabu; -mvelo.

aborigines (n), abantu bemvelo; abantu bomdabu.

abort (v), phunza (animal); ·khipha isisu (human being).

abortion (n), ukukhipha isisu (human); ukukhishwa kwesisu (human); umphunzo.

abound (v), vama; anda.

above (adv), -ngenhla, -phezulu.

abrasion (n), umhuzuko.

abreast (adv), ngokulinganisana.

abridge (v), fingqa.

abscess (n), ithumba, amathumba.

abscond (v), baleka; eqa; nyiba.

absence (n), ukuphutha.

absent (a), -phuthile; -ngekho.

absent-minded (a), -luluthekile, -luluthekayo.

absolutely (adv), ngempela; ngokwanele.

absolve (v), xolela; hlambulula.

absorb (v), munca.

abstain (v), yeka; zila.

absurd (a), -ngasile; -ligidigidi (amusing); -yinhlekisa (amusing).

abundance (n), inala (food); ubuningi.

abundant (a), -ningi, -xhaphakile.

abuse (n), isithuko, izithuko; inhlamba, izinhlamba.

abuse (v), thuka (verbally, swear at); hlambalaza (verbally); phatha kabi.

abut (v), encikana.

acacia (n), umunga, iminga; umtholo, imitholo; umuthi osawatela, imithi esawatela.

accede (v), vuma; ngena esikhundleni.

accelerate (v), sheshisa; khawuleza; phangisa.

accept (v), amukela; vuma.

acceptable (a), -vumekayo; -thandekayo; -amukelekayo.

acceptance (n), ukwamukelwa; ukwamukela.

accident (n), ingozi, izingozi; isehlo, izehlo.

accidentally (adv), ngengozi; ngokuzenzekela.

acclaim (v), halalisela; enanela; hlokoma; halalisa.

accommodate (v), lungisela, ngenisa.

accommodation (n), indawo yokuhlala; izindawo zokuhlala.

accompany (v), phelekezela; khapha (lead out, see off).

accomplice (n), impeleki, abapheleki; umlekeleli, abalekeleli; umvunisi, abavunisi.

accomplish (v), feza; qeda.

accordion (n), inkositini, izinkositini.

accouchement (n), ukubeletha; ukuzala.

account (n), iakhawunti, ama-akhawunti; icala, amacala.

accumulate (v), buthelela; qongelela; didiyela.

accumulation (n), inqwaba, indidiyela.

accuracy (n), ukucophelela; ukuqikelela.

accurate (a), -cophelekile; -lungile.

accursed (a), -qalekisiwe.

accusation (n), icala elibekwayo, amacala abekwayo; isihlebo, izihlebo (false).

accuse (v), thwesa icala; beka icala.

accused (n), ummangalelwa, abamangalelwa.

accuser (n), ummangali, abamangali.

accustom (v), jwayeza.

ache (v), qaqamba; futha; nkenketha.

achieve (v), feza; finyelela, qeda.

achievement (n), impumelelo.

acid (n), okumuncu (taste); iasidi, ama-asidi; isimuncu, izimuncu.

acknowledge (v), vuma.

acne (n), izinsunsu.

acquaint (v), azisa; tshela.

acquaintance (n), isazani, izazani.

acquiesce (v), vuma, amukela.

acquiescence (n), ukuvuma.

acquire (v), thola; zuza.

acquisition (n), ukuzuza, inzuzo.

acquit (v), esula icala; khulula.

acquittal (n), ukuthethwa icala.

acre (n), ieka, amaeka.

across (adv), nquma kabili (cut across); phesheya (over river, sea); vundla.

act (n), isenzo, izenzo; isimiso, izimiso (act of parliament); inkundla, izinkundla (act of play).

active (a), -bukhuphekhuphe.

activity (n), ubukhuphekhuphe; ukukhwishiza.

actor (n), umenzi; umdlali, abadlali.

actual (a), ngempela; -luqobo.

actually (adv), ngoqobo, ngempela.

acute (a), -cijile; -hlakaniphile; -dlangile (disease).

adage (n), umzekeliso, imizekeliso; isaga, izaga: isisho, izisho.

adamant (a), -ngaguquki.

add (v), engeza; hlanganisa; enezezela; jobelela; ethasisela.

adder (n), inyoka, izinyoka.

addition (n), ukuhlanganisa; ukuhlanganiswa; isengezo, izengezo (something added).

address (n), ikheli (postal); inkulumo (speech).

address (v), khuluma; shumayeza; bhala ikheli (letter).

adenoids (n), amankanka.

adept (n), ingcweti, izingcweti; uchwepheshe, ochwepheshe; one-khono, abanekhono.

adequate (a), -anele.

adhere (v), bambelela; namathela; namatha.

adhesive (a), -namathelayo.

adjacent (a), -encikene; -gudlana.

adjective (n), isiphawulo, iziphawulo.

adjourn (v), hlehlisa.

adjudge (v), ahlulela; nquma.

adjudicator (n), umahluleli, abahluleli.

adjust (v), hlela; lungisa.

administrator (n), umlawuli, abalawuli; umphathi-mbuso, abaphathimbuso, umphathi-provinsi, abaphathi-provinsi.

admirable (a), -babazekile, -babazekayo, -ncomekayo.

admire (v), babaza; ncoma; azisa.

admission (n), ukungeniswa; ukwamukelwa (acceptance); imali yokungena (fee).

admit (v), vuma; ngenisa (allow to enter); amukela (agree to).

admonish (v), khuza; yala.

adolescence (n), ubujaha (male); ubuntombi (female).

adolescent (a), -thombileyo.

adopt (v), thola; nxibisa.

adoption (n), ukutholwa; ukuthola.

adore (v), thandisisa; dumisa; khonza.

adorn (v), hlobisa; vunulisa (personal finery).

adult (n), umuntu osekhulile; abantu asebekhulile.

adulterer (n), isiphingi, iziphingi; isifebe, izifebe (female).

adultery (n), ukuphinga; ubufebe.

advance (v), qhubeka; thuthuka.

advancement (n), inqubekela-phambili; intuthuko.

advantage (n), usizo.

advantageous (a), -nosizo.

adverb (n), isandiso, izandiso.

adversary (n), imbangi, izimbangi; isitha, izitha.

adversity (n), ubunzima; ukuhlupheka.

advertise (v), azisa; memezela.

advertisement (n), isaziso, izaziso; isimemezelo, izimemezelo.

advice (n), iseluleko, izeluleko.

advise (v), eluleka; cebisa.

adviser (n), umeluleki, abeluleki, umcebisi, abacebisi.

advisory (a), -lulekayo.

advocate (n), ummeli, abameli; umkhulumeli, abakhulumeli.

advocate (v), khulumela; gcizelela.

aerodrome (n), inkundla yamabhanoyi, izinkundla zamabhanoyi.

aeroplane (n), ibhanoyi, amabhanoyi; indizamshini, izindizamshini.

afar (adv), kude.

affair (n), indaba, izindaba; isigigaba, izigigaba (serious).

affectionate (a), -thandekayo.

affidavit (n), amazwi alotshiwe afungelwe; isitetimenti esifungelwe, izitetimenti ezifungelwe.

affirm (v), qinisa; nyanisa.

affix (v), namathelisa; bethela.

afflict (v), phatha (sickness); fundekela; hlupha (worry).

affliction (n), usizi, izinsizi; ubunzima.

affluence (n), umnotho.

affray (n), isidumo, izidumo.

afoot (adv), ngezinyawo.

afraid (a), -novalo; -ngokwesaba; -sabayo.

afresh (adv), -busha, kabusha.

Afrikaans (n), isiBhunu (language); isiAfrikansi (language).

Afrikaner (n), iBhunu, amaBhunu (person).

after (adv), ngemuva (behind); landelayo (following).

afterbirth (n), umhlapho, imihlapho; umlizanyana, imilizanyana.

afternoon (n), intambama.

afterthought (n), umzindlamuva, imizindlamuva.

afterwards (adv), emuva kwalokho; kamuva.

again (adv), -phinda; futhi; -buye.

against (prep), -encikene (leaning against); -enqikene; -bhekene (facing).

agape (adv), -khamisile; -vulekile.

age (n), ubudala.

age (v), guga.

aged (a), -dala; -gugile.

agenda (n), uhlelo lomsebenzi.

agent (n), umenzeli, abenzeli; umsebenzeli, abasebenzeli.

aggressor (n), umsukeli, abasukeli; umqali, abaqali; umhlaseli, abahlaseli.

aggrieved (a), -nesikhalo; -oniweyo.

aghast (a), -shaqekile; -mangele.

agitate (v), zamazisa; nyakazisa.

agitator (n), umzamazisi, abazamazisi; iphekulazikhuni; amaphekulazikhuni.

agony (n), ubuhlungu obukhulu.

agree (v), vumelana, vuma.

agreeable (a), -hle (pleasing), -vumelayo (willing).

agreement (n), isivumelwano, izivumelwano.

agricultural (a), -zokulima; -pathelene nokulima.

agriculture (n), ezokulima.

agriculturist (n), umlimi, abalimi.

ague (n), amaqhuqhwane.

ahead (adv), ngaphambili.

aid (n), usizo; uncedo.

ailment (n), isifo, izifo; ukugula.

aim (v), khomba (point); nemba (aim a gun); hlosa (intend); jonga (have in view).

aim (n), inhloso, izinhloso; injongo, izinjongo.

air (n), umoya, imimoya.

aircraft (n), indizamshini, izindizamshini.

air-mail (n), iposi lomoya.

airport (n), inkundla yamabhanoyi, isikhumulo samabhanoyi.

akin (a), -luhlobo-lunye.

alarm (n), umkhosi, imikhosi; isibhelu, izibhelu; ivuso, amavuso.

albino (n), inkawu, izinkawu (also means a monkey).

alcohol (n), ualkhoholi, oalkhoholi; ugologo, ogologo; indakisa, izindakisa.

alcoholic (a), -dakisayo.

alcoholic (n), isidakwa, izidakwa.

alert (a), -phapheme; -xwayile; -qaphile.

alight (v), ehla; ehlika.

alike (a), -fanayo.

alimentary (canal) (n), umgudu wokudla, imigudu yokudla.

alive (a), -zwayo; -philile; -philayo.

all (a), -nke; -nkana.

alleviate (v), dambisa; thambisa.

allocate (v), abela; ahlukanisela.

allot (v), ahlukanisela; abela.

allotment (n), isabelo, izabelo.

allow (v), vumela; vuma.

almanac (n), ialmanaki, ama-almanaki.

Almighty (n), uSomandla.

almost (adv), -cishe; -phose.

aloe (n), umhlaba, imihlaba; icena, amacena; inhlaba, izinhlaba (small).

alone (a), -dwa; kuphela (only).

aloud (adv), ngokuzwakele, ngezwi elikhulu.

alphabet (n), ialfabhethi, ama-alfabhethi; uhlu lonhlamvu, izinhlu zonhlamvu.

also (adv), futhi; njalo.

altar (n), ialthari, ama-althari; ilathi, amalathi.

alter (v), shintsha; phendula; guqula.

altercation (n), impikiswano, ukuhilizisana.

alternate (v), landelana ngokudedelana.

although (conj), noma; nanxa; inga-ni; nokuba.

always (adv), njalonjalo: njalo.

amass (v), qongelela.

amaze (v), mangalisa.

amazement (n), isimanga, izimanga; ukumangala.

amazing (a), -mangalisayo.

ambassador (n), inxusa, amanxusa.

ambiguous (a), -fithizile; -ngacacile.

ambulance (n), iambulonse; imoto yohlaka, izimoto zohlaka.

ambush (v), yengela ophathe; lalela.

amendment (n), umbandela, imi-bandela.

amiable (a), -mnene; -nomusa.

amidst (prep), phakathi kwa-.

amplify (v), andisa; khulisa.

amputate (v), nquma (cut across); juqula (cut off); gininda.

amuse (v), hlekisa; libazisa; dlalisa.

anaemia (n), ukuphaphatheka kwe-gazi.

anaesthetic (n), isidikisa-mizwa, izi-dikisa-mizwa.

analogy (n), isifanelisano, izifaneli-sano.

analyse (v), hlaziya; qaqulula.

analysis (n), inhlaziyo (gram.).

anatomy (n), umumo womzimba.

ancestor (n), ukhokho, okhokho.

ancestral spirit (n), ithongo, ama-thongo; idlozi, amadlozi.

ancient (a), -sendulo.

angel (n), ingelosi, izingelosi.

anger (n), ulaka.

angle (n), igumbi, amagumbi; iengele, amaengele.

angry (a), thukuthele; -nolaka; -futhekile.

anguish (n), usizi olukhulu; ukuda-buka okukhulu.

animal (n), isilwane, izilwane.

animosity (n), isibhongo, izibhongo; inzondo.

ankle (n), iqakala, amaqakala.

anklet (n), isigqizo, izigqizo.

annihilate (v), bhuqa; bhubhisa.

annihilation (n), imbubhiso; umbhu qo, imibhuqo.

announce (v), memezela; bika; azisa.

announcement (n), isaziso, izaziso; umbiko, imibiko.

annoy (v), cunula; casula; xhokoloza.

annoyance (n), isicunulo, izicunulo; isicasulo, izicasulo.

annoying (a), -canulayo.

anoint (v), gcoba; qhola; ninda.

another (a), -nye.

answer (n), impendulo, izimpendulo; umphumela, imiphumela; iansa, ama-ansa.

ant (n), itsheketshe, amatsheketshe; intuthwane, izintuthwane; umu-hlwa, imihlwa (termite).

antagonism (n), ukuphikisana; u-mbango.

antagonist (n), imbangi, izimbangi.

ant-bear (n), isambane, izambane.

antelope (n), inyamazane, izinyama-zane.

antennae (n), izimpondo zokuzwa.

anterior (a), -phambili.

ant-heap (n), isiduli, iziduli.

anthem (n), ihubo, amahubo.

anthrax (n), undicosho; umbendeni.

antibody (n), inhlayiyana esegazini enqanda izifo; izinhlayiyana ezise-gazini ezinqanda izifo.

anticipate (v), andulela.

antidote (n), isibiba, izibiba.

antiseptic (n), isinqandakuvunda, izinqandakuvunda.

antitoxin (n), isinqandabuthi, izinqa-ndabuthi.

anus (n), ingquza, izingquza; umdidi, imididi. (In polite conversation a euphemism such as "ingemuva", is used); ingqedamabele.

anxiety (n), uvalo; imbandezeko.

anxious (a), shiseka; nevuso.

anybody (n), noma ubani.

anyhow (adv), nakanjani.

anything (n), utho; noma yini.

anywhere (adv), naphinaphi.

apace (adv), ngokushesha.

ape (v), lingisa.

ape (n), uhlobo lwenkawu.

aperient (n), umuthi wokuhlambulula isisu, imithi yokuhlambulula isisu; umxukuzo, imixukuzo; umuthi ohambisayo; imithi ehambisayo.

aperture (n), imbobo, izimbobo; intunja, izintunja; isikhala, izikhala.

apex (n), isihloko, izihloko; isiqongo, iziqongo.

apologise (v), nxephezela; xolisa.

apology (n), isinxephezelo, izinxephezelo; ukuxolisa.

apostle (n), umphostoli, abaphostoli.

apparatus (n), amalungiselelo, into yokwenza, izinto zokwenza.

apparel (n), izingubo; izivatho.

appeal (v), ukudlulisa icala (court); khala.

appeal court (n), amajaji okugcina.

appear (v), vela; bonakala.

appearance (n), ukubonakala; ukuqhamuka.

appease (v), duduza; xolisa.

appendix (n), ithunjana, amathunjana.

appetite (n), inkanuko, izinkanuko.

applaud (v), babaza; halalisa.

apple (n), iapula, ama-apula.

applicant (n), umceli, abaceli.

application (n), isicelo, izicelo; ukubuza.

apply (v), bhekisa isicelo; beka isicelo; faka isicelo.

appoint (v), beka; ngenisa, misa.

appreciate (v), azisa; bonga; ncoma.

apprehend (v), bamba (arrest); qonda (understand).

apprehensive (a), -novalo; netwetwe.

approach (v), sondela.

appropriate (a), -fanele; -lungele.

approval (n), imvume, izimvume.

approve (v), vumela, kholwa.

approximate (v), -sondezela.

apricot (n), ibhilikosi, amabhilikosi.

apron (n), iphinifo, amaphinifo; isibhaxela, izibhaxela.

arbiter (n), umahlukaniseli; umabeli.

arbitrary action (n), isenzo sokuhlofa, izenzo zokuhlofa.

arbitrate (v), lamula.

arbitrator (n), umlamuli, abalamuli.

archbishop (n), umbhishobhi omkhulu.

architect (n), umklami wokwakhiwa kwezindlu, abaklami bokwakhiwa kwezindlu.

area (n), ubungako bendawo. ubungako bezindawo; ieriya.

arena (n), inkundla, izinkundla.

argue (v), phikisana (one with another); phikisa (contradict).

argument (n), impikisano, izimpikisano.

arid (a), -omile.

arise (v), vuka; sukuma (stand up).

aristrocrat (n), umuntu wohlanga, abantu bohlanga; umuntu wasebukhosini; abantu basebukhosini.

arithmetic (n), izibalo.

arm (n), ingalo, izingalo.

arm (v), hlomisa (arm others); hloma (arm oneself).

armlet (n), ubhedazane, izimbedazane (grass).

armpit (n), ikhwapha, amakhwapha.

arms (weapons) (n), izikhali.

army (n), impi, izimpi.

army worm (n), umcwangubane, imicwangubane.

around (adv), emacaleni onke; ngokujikeleza; ngokuzungeza.

arouse (v), vusa; phaphamisa.

arrange (v), hlela; lungisa.

arrest (v), bamba; bopha.

arrival (n), ukufika.

arrive (v), finyelela; fika.

arrow (n), umcibisholo, imicibisholo.
arson (n), icala lokushisa.
artery (n), umthambo othumelayo, imithambo ethumelayo.
arterial blood (n), igazi elithunyelwayo.
article (n), into, izinto; impahla, izimpahla.
artificial respiration (n), ukuphefumulisa.
artificial silk (n), usilika mbumbulu.
arum lily (n), intebe, izintebe.
ascend (v), khuphuka; khwela; enyuka.
ascertain (v), thola; buzisisa.
ash (n), umlotha, imilotha.
ashamed (a), -jabhile; nezinhloni.
ash-heap (n), izala, amazala; ilotha, amalotha.
aside (adv), ecaleni; nganhlanye.
ask (v), buza; nxusa; ncenga; cela.
asleep (adv), -lele.
asphyxia (n), ukugwaliza.
aspire (v), fisa; langazela.
ass (n), imbongolo, izimbongolo (donkey); isithutha, izithutha (stupid person).
assail (v), hlasela; dumela.
assault (v), bhudukeza; sukela; hlasela.
assegai (n), umkhonto, imikhonto.
assemble (v), buthana; qoqana.
assembly (n), umbuthano, imibuthano; ibandla, amabandla.
assert (v), gomela; qinisa.
assessor (n), umsekeli wejaji, abasekeli bamajaji.
assist (v), siza; hlenga; nceda.
assistance (n), usizo.
assistant (n), umsizi, abasizi; isekela, amasekela; umsekeli, abasekeli.
assurance (n), isethembiso, izethembiso; ithemba; isibindi.
asthma (n), umbefu.
astonish (v) mangalisa; shaqisa.
astound (v), shaqisa; mangalisa.

astray (v), eduka (to go astray).
astride (adv), ngokuxamalazile.
astronomy (n), isifundo sezinkanyezi.
astute (adv), -hlakaniphile.
asylum (n), lapho kulondwa khona izinhlanya; ikhosela (place of).
ate (v), -dlile; -dle.
atlas (n), ibalazwe, amabalazwe; umabalazwe, omabalazwe.
atmosphere (n), iatmosfera; umoya owemboze umhlaba.
atrocity (n), ubudlova obesabekayo.
attach (v), namathisela (stick to); hlanganisa (join to).
attack (v), hlasela; sukela; dumela.
attain (v), finyelela; zuza.
attempt (v), zama; linga.
attend (v), qaphela; naka; bheka.
attendance (n), ukubakhona (meeting, etc.).
attest (v), fakaza; fungela.
attire (v), gqokisa.
attire (n), izingubo; izivatho.
attitude (n), isimo, izimo.
attorney (n), ummeli, abameli.
attorney general (n), inhloko yabashushisi.
attract (v), heha; yenga.
attractive (a), -khangayo; -hehayo.
auction (n), indali yomncintiswano, izindali zomncintiswano.
auctioneer (n), umthengisi endalini, abathengisi ezindalini.
audible (a), -zwakele; -zwakalayo.
auditor (n), umcwaningi wezimali, abacwaningi bezimali.
augment (v), andisa; enezela.
aunt (n), uanti, oanti; umamekazi, omamekazi (maternal); ubabekazi, obabekazi (paternal).
author (n), umbuhali ababhali; umqambi, abaqambi.
authority (n), amandla; igunya, amagunya.
authorise (v), vumela; pha imvume.

autumn (a), ikv indla.
available (a), -nokutholakala; -thola-kalayo.
avenge (v), phindisela; phindisa.
avert (v), vimbela; qhelisa.
avoid (v), xwaya; zila (food); gega.
await (v), lindela.
awake (v), vuka; phaphama.

awaken (v), vusa; phaphamisa.
awe (n), uvalo; itwetwe.
awl (n), usungulo, izinsungulo.
axe (n), imbazo, izimbazo; izembe, amazembe.
axle (n), ieksili, amaeksili; umphini wesondo, imiphini yamasondo.

B

babble (v), mpompa (nonsense).
babe (n), ingane, izingane.
baboon (n), imfene, izimfene; ikho-nde, amakhonde (male), umathana-zana, omathanazana (female).
baby (n), ingane, izingane; umntwana, abantwana.
bachelor (n), impohlo, izimpohlo.
back (n), umhlane, imihlane; iqolo, amaqolo.
back (adv), emuva, nyova.
backbite (v), hleba.
backbone (n), umhlandla, imihlandla.
background (n), isizinda, izizinda; isendlalela, izendlalela.
backwash (n), ibuya, amabuya.
bacon (n), ubhekeni, obhekeni.
bacteria (n), ibhakthiriya.
bad (a), -bi; -bolile (rotten).
badly (adv), kabi.
baffle (v), ahlula; qikaza.
bag (n), isikhwama, izikhwama; isaka, amasaka; umgodla, imigodla.
bagworm (n), umahambanendlwana, omahambanendlwana.
bail (n), imali eboshiwe; ibheyili.
bake (v), bhaka; gazinga (to roast); pheka (to cook).
baker (n), umbhaki, ababhaki; u-mpheki wezinkwa, abapheki bezin-kwa.
bakery (n), ibhikawozi, amabhika-wozi.
bald (a), -yimpandla.
bald man (n), impandla, izimpandla.

ball (n), ibhola, amabhola.
ballad (n), inkondlo, izinkondlo.
balloon (n), ibhamuza, amabhamuza.
bamboo (n), uqalo, izinqalo.
banana (n), ubhanana, obhanana.
band (n), ibhande, amabhande; isi-bopho, izibopho.
bandage (n), okokubopha inxeba; umdweshu wokubopha inxeba, imi-dweshu yokubopha amanxeba.
bangle (n), isongo, amasongo; isi-gqizo, izigqizo.
banish (v), dingisa; xosha.
bank (n), ibhange, amabhange (com-mercial); udonga, izindonga (earth).
bank-note (n), imali yephepha; imali eyiphepha.
banns (n), izibiko zomshado; izime-mezelo zomshado.
baptise (v), bhabhathiza; phehlelela.
baptism (n), umbhabhathizo, imi-bhabhathizo; ukuphehlelelwa.
bar (n), inkantini, izinkantini (liquor); umxabo, imixabo (cross bar).
barbarian (n), ongaphucukile, aba-ngaphucukile.
barbed (a), -nameva.
barber (n), umgundi, abagundi.
bard (n), imbongi, izimbongi.
bare (a), nqunu; -ze.
bark (n), igxolo, amagxolo.
bark (v), khonkotha (animal); ebula amagxolo.
barrel (n), umphongolo, imiphongo-lo.

barren (a), -yinyumba.
barrier (n), isithiyo, izithiyo; okuvimbelayo.
barrow (n), ibhala, amabhala.
barrister (n), ummeli, abameli.
barter (v), hweba.
basin (n), indishi, izindishi; ubheseni, obheseni.
bask (v), thamela; otha.
basket (n), ubhasikidi, obhasikidi; iqoma, amaqoma.
bat (n), ilulwane, amalulwane (animal); ibhekezansi, amabhekezansi (animal).
bath (n), ibhavu, amabhavu; ubhavu, obhavu.
bathe (v), geza; bhukuda (swim); hlamba.
battle (n), impi, izimpi.
battle-axe (n), isizenze, izizenze.
battlefield (n), inkundla yempi.
bawdy (a), -nhlamba.
bay (n), itheku, amatheku; ichweba, amachweba.
beach (n), usebe lolwandle; ugu lolwandle; ibhishi, amabhishi.
beacon (n), isikhonkwane somdabuli, izikhonkwane zomdabuli.
bead(s) (n), ubuhlalu.
beak (n), uqhwaku, izinqwaku; umlomo wenyoni, imilomo yezinyoni.
bean (n), ubhontshisi, obhontshisi; izindumba.
bear (v), beletha (give birth); thwala (carry); bekezela; thela (as a fruit tree).
bear (n), ibhele, amabhele.
beard (n), isilevu, izilevu.
beast (n), isilwane, izilwane.
beat (v), shaya; betha; dinda.
beautiful (a), -bukekayo; -hle.
beauty (n), ubuhle.
because (conj), ngokuba; ngoba; ngenxa.
beckon (v), qhweba.

bed (n), umbhede, imibhede.
bedbug (n), imbungulu, izimbungulu.
bedclothes (n), izingubo zokulala; izingubo zombhede.
bedpan (n), isikigi, izikigi.
bedroom (n), ikamelo lokulala, amakamelo okulala; indlu yokulala, izindlu zokulala.
bedtime (n), isikhathi sokulala.
bee (n), inyosi, izinyosi.
bee-bread (n), isikhupha.
beef (n), inyama yenkomo.
beer (n), utshwala; ubhiya (European beer); amatshwala (beer feasts).
beer-strainer (n), ivovo, amavovo; ihluzo, amahluzo; ikhamo, amakhamo.
beeswax (n), umovu.
beetle (n), ibhungane, amabhungane.
beetroot (n), ibhitrudi, obhitrudi.
before (adv), ngaphambili.
beg (v), cela; nxiba, nqiba.
beggar (n), isinqibi, izinqibi; isinxibi, izinxibi.
begin (v), qala.
beginner (n), -saqala; imfundamakhwelo, izimfundamakhwelo.
beginning (n), isiqu (source); isiqalo; ukuqala.
behave (v), -ziphatha; enza.
behaviour (n), ukuziphatha; inkambo, izinkambo.
behead (v), nquma ikhanda.
behind (adv), ngasemuva.
belch (v), bhodla; phafuza.
belief (n), ithemba; ukholo.
believe (v), kholwa.
beleiver (n), ikholwa, amakholwa; okholwayo.
belittle (v), gxeka.
bell (a), insimbi, izinsimbi.
bellow (v), bhavumula; khonya (cattle).
belly (n), isisu, izisu.
beloved (a), -thandekayo; -thandiwe.
below (adv), ngaphansi.

belt (n), ibhande, amabhande; isifoci-ya, izifociya (women).
bench (n), ibhentshi, amabhentshi; isihlalo, izihlalo.
bend (v), goba; phula.
beneath (adv), phansi; ngaphansi.
beneficial (a), -nosizo, -nenzuzo.
benefit (v), siza; zuza; sizeka (be aided).
beside (prep), ecaleni kwa-.
best (a), -hle kakhulu; -ngcono kakhulu.
bet (v), bheja; bekela.
bet (n), imali yokubheja, izimali zokubheja.
betray (v), nikela; khaphela.
better (a), -ngcono.
between (adv), ngaphakathi.
beware (v), qaphela; xwaya.
bewilder (v), dida; khohla.
bewitch (v), loya; thakatha.
beyond (prep), phambi kwa-.
Bible (n), iBhayibheli, amaBhayi-bheli.
biceps (n), izinkonyane.
bicycle (n), ibhayisikili, amabhayisi-kili.
big (a), -khulu.
big-toe (n), uqukula, oqukula (man); uzwani olukhulu, izinzwani ezi-nkulu.
bile (n), inyongo, izinyongo (gall bladders).
bilharzia (n), isichenene segazi; umchama-gazi.
biltong (n), umqwayiba, imiqwayiba.
bind (v), bopha.
binoculars (n), izibonakude; ama-ferikiki.
bioscope (n), ibhayisikobho, ama bhayisikobho.
bird (n), inyoni, izinyoni.
birdlime (n), inomfi.
bird's nest (n), isidleke senyoni, izidleke zenyoni.
birth (n), ukuzalwa.

birthday (n), usuku lokuzalwa.
birthmark (n), umkhangu, imikha-ngu.
birthplace (n), lapho inkaba ikhona.
biscuit (n), umqathane, imiqathane; ibhisikidi, amabhisikidi.
bishop (n), umbhishobhi, ababhisho-bhi.
bitch (n), injakazi, izinjakazi.
bite (v), luma.
bitter (a), -baba.
black (a), -mnyama.
blackberry (n) ijikijolo, amajikijolo.
blackjack (n), uqadolo, oqadolo; ucadolo, ocadolo.
blacksmith (n), umkhandi wensimbi, abakhandi bensimbi.
bladder (n), isinye, izinye (urinary); inqalathi, izinqalathi.
blade (a), ukudla (knife, spear, etc.); udwani (grass).
blame (v), sola.
blanket (n), ingubo yokulala, izingu-bo zokulala.
bleed (a), opha.
bless (v), busisa.
blessing (n), isibusiso, izibusiso.
blind (a), -yimpumputhe.
blind (person) (n), impumputhe, izimpumputhe.
blind (v), phandla; phuphuthekisa.
blink (v), cwayiza.
blinkers (n), iziphandla.
blister (n), intshabusuku, izintshabu-suku; ibhamuza, amabhamuza.
block (n), isigaxa, izigaxa; umbhuku, imibhuku (wood).
blood (n), igazi, amagazi.
blood pressure (n), umfutho wegazi.
blood v ssel (n), umthambo wegazi; imithambo yegazi.
blood transfusion (n), ukuthasiselwa igazi.
bloom (v), qhakaza; khahlela (mealies); bhalasa.

bloom (n), imbali, izimbali; umqhakazo, imiqhakazo; intshakazo, izintshakazo.

blot (n), ichaphazelo, amachaphazelo.

blow (v), betha; phephetha; vunguza.

blue (n), ubhulomu, obhulomu, (washing); zulucwathile (colour); isomi (colour).

bluebottle (n), imvimvi, izimvimvi (fly).

bluegum (n), ugamthilini, ogamthilini; indlulamithi.

blunder (v), phosisa; ona.

blunt (a), -buthuntu; -nqundekile.

boar (n), inkunzi yengulube; izinkunzi zezingulube.

board (n), ipulangwe, amapulangwe; ibhodi, amabhodi (school board).

boast (v), gabisa; wawaza.

boastful (a), -zazisayo; -zishoyo.

boat (n), isikebhe, izikebhe.

body (n), umzimba, imizimba.

Boer (n), iBhunu, amaBhunu.

bog (n), ixhaphozi, amaxhaphozi.

boil (v), bila; bhadla (as porridge).

boil (n), ithumba, amathumba.

bold (a), -nesibindi; -qavile.

bolt (n), umshudo, imishudo; ibhawothi, amabhawothi.

bondage (n), ubugqili.

bone (n), ithambo, amathambo.

book (n), incwadi, izincwadi; ibhuku, amabhuku.

boot (n), isicathulo, izicathulo.

bootlace (n), umchilo wesicathulo; imichilo yezicathulo.

border (n), umphetho, imiphetho (dress); iphethelo, amaphethelo (country).

bore (v), bhoboza; chambuza.

borrow (v), tsheleka; boleka.

both (a), -bili (bobabili, etc.).

bother (v), khathaza; hlupha.

bother (n), inkathazo, izinkathazo.

bottle (n), ibhodlela, amabhodlela; igabha, amagabha.

bottom (n), ubuphansi; isinqe; ingaphansi.

boulder (n), itshekazi, amatshekazi; imbokodo, izimbokodo.

bounce (v), qhasha.

boundary (n), umphetho, imiphetho; umncele, imincele; iphethelo, amaphethelo.

boundless (a), -ngenamkhawulo.

bow (v), khothama.

bowel (n), ithumbu, amathumbu.

box (n), ibhokisi, amabhokisi.

box (v), shaya ngesibhakela; shaya isibhakela.

boy (n), umfana, abafana.

brackets (n), abakaki.

brag (v), gabaza; khuluma iwawa.

brain (n), ubuchopho.

bran (n), izimpepha.

branch (n), igatsha, amagatsha (large); ihlamvu, amahlamvu (small).

brand (v), shisa izilwane; phawula izilwane; shisa uphawu esilwaneni.

brass (n), ithusi.

brave (a), -nesibindi.

bravery (n), ubuqhawe; isibindi.

bread (n), isinkwa, izinkwa.

breadth (n), ububanzi.

break (v), aphula.

breakfast (n), ibhulakufesi; indlakusasa.

breast (n), isifuba, izifuba (chest); ibele, amabele (female); isibele, izibele (male).

breastbone (n), ithambo lesifuba, amathambo ezifuba.

breath (n), umphefumulo, imiphefumulo.

breathe (v), phefumula.

breathless (a), -nephika.

breeze (n), ihelehele, amahelehele; umnyelele, iminyelele.

brew (v), phisa; vubela.

bribe (v), -fumbathisa.

brick (n), isitini, izitini.

bride (n), umakoti, omakoti; umlobokazi, abalobokazi.

bridegroom (n), umyeni, abayeni.

bridesmaid (n). impelesi kamakoti, izimpelesi zikamakoti.

bridge (n), ibhuloho, amabhuloho; umbombo, imibombo (of nose).

bridle (n), itomu, amatomu.

brief (a), -fushane.

briefly (adv), kafushane.

brigand (n), isigebengu, izigebengu; isigcwelegcwele, izigcwelegcwele.

bright (a), -cwebezelayo; -khazimulayo.

bring (v), letha.

bristle (v), vokomala.

Britisher (n), iNgisi, amaNgisi.

broad (a), -banzi.

broadcast (v), ukusakaza.

broken (a), -aphukile; -file.

brood (v), fukama; zindla.

brook (n), umthonjana, imithonjana; umfudlana, imifudlana.

broom (n), umshanelo, imishanelo; umshayelo, imishayelo.

broomstick (n), uthi lomshanelo; izinti zemishanelo.

brother (n), umfowenu, abafowenu (your); umfowethu, abafowethu (my, our); umfowabo, abafowabo (his, her, their).

brother-in-law (n), umkhwenyane, abakhwenyane; umlamu, abalamu.

brow (n), ithundu, amathundu.

brown (a), -nsundu.

bruise (n), uduma, izinduma; iphuphusi, amaphuphusi.

brush (n), ibhulashi amabhulashi; umshanyelo, imishanyelo (sweeping)

brutal (a), -nonya.

bubble (n), igwebu, amagwebu.

bubonic plague (n), ubhubhane.

buck (n), inyamazane, izinyamazane.

bucket (n), ibhakede, amabhakede.

bud (n), umqumbe, imiqumbe.

buffalo (n), inyathi, izinyathi.

bug (n), imbungulu, izimbungulu.

bugle (n), icilongo, amacilongo.

build (v), akha.

builder (n), umakhi, abakhi.

building (n), isakhiwo, izakhiwo.

bulb (n), ibhalbhu, amabhalbhu.

bulge (v), qhubusha; dumba.

bulge (n), iqhubu, amaqhubu; inqubu, izinqubu.

bull (n), inkunzi, izinkunzi.

bulldog (n), ubhova, obhova.

bullet (n), inhlamvu, izinhlamvu.

bullock (n), inkabi, izinkabi.

bullrush (n), ikhwani, amakhwani.

bunch (n), isithungu, izithungu; isixheke, izixheke.

bundle (n), umqulu, imiqulu; inyanda, izinyanda.

bunion (n), isiqaqalane, iziqaqalane.

burden (n), umthwalo, imithwalo.

burglar (n), umgqekezi, abagqekezi.

burgle (v), gqekeza.

burial (n), umngcwabo, imingcwabo.

burn (v), shisa; babela (veld-grass); vutha.

burrweed (n), ugudluthukela, ogudluthukela; igcuma, amagcuma.

burst (v), qhuma.

bury (v), gqiba; ngcwaba (a corpse); tshala (a corpse).

bus (n), ibhasi, amabhasi.

bush (n), ihlathi, amahlathi; isihlahla, izihlahla (single plant).

bushbuck (n), unkonka, onkonka.

bush-baby (n), isinkwe, izinkwe.

Bushman (n), umuThwa, abaThwa.

bushveld (n), inhlanze, amahlanze.

but (conj), kanti; kepha; kodwa.

butcher (n), umthengisi wenyama; abathengisi benyama; ubhusha, obhusha.

butcher-bird (n), iqola, amaqola.

butchery (n), isilana, amasilaha.

butter (n), iphehlwa, amaphehlwa; ibhotela, amabhotela.

butterfly (n), **uvemvane, izimvemvane.**
buttermilk (n), **umbhobe.**
buttock (n), **isinqe, izinqe.**
button (n), **inkinobho, izinkinobho; iqhosha, amaqhosha.**

buy (v), **thenga.**
buyer (n), **umthengi, abathengi.**
by (prep), **nga- (ngasendlini, ngakimi).**
by-product (n), **okuvela eceleni.**
bystander (n), **isibukeli., izibukeli.**
byway (n), **umvundlo, imivundlo.**

C

cabbage (n), **Iklabishi, amaklabishi.**
cable (n), **ucingo lolwandle, izincingo zolwandle; ucingo oluhamba ngaphansi komhlaba, izincingo ezihamba ngaphansi komhlaba.**
cairn (n), **isivivane, izivivane.**
cake (n), **ikhekhe, amakhekhe.**
calabash (n), **igula, amagula (for sour milk); isigubhu, izigubhu (dry).**
calamity (n), **isehlakalo, izehlakalo; inkelenkele, izinkelenkele.**
calculate (v), **balisisa; bala.**
calendar (n), **ikhalenda, amakhalenda.**
calf (n), **inkonyane, amankonyane.**
call (v), **memeza; biza.**
caller (n), **isivakasheli, izivakasheli (visitor); isihambeli, izihambeli.**
calm (a), **-thulile; -bekile; -cwebile (water).**
camel (n), **ikamela, amakamela.**
camp (n), **ikamu, amakamu.**
canal (n), **umselekazi wemikhumbi; imiselekazi yemikhumbi.**
cancer (n), **isimila, izimila.**
candle (n), **ikhandlela, amakhandlela.**
cane-knife (n), **ucelemba, ocelemba.**
cane-rat (n), **ivondwe, amavondwe.**
canine (a), **-awenja (teeth).**
cannibal (n), **izimu, amazimu.**
cannon (n), **umbayimbayi, ombayimbayi.**
canvas (n), **useyili, oseyili.**
cap (n), **ikebhisi, amakebhisi; ikepisi, amakepisi.**
capillary (n), **umthanjanyana, imithanjanyana.**

capitulate (v), **thela; beka phansi izikhali.**
capsize (v), **gumbeqa; gumbuqela.**
captain (n), **ukaputeni, okaputeni.**
captivate (v), **khanga; thumba inhliziyo.**
captive (n), **isiboshwa, iziboshwa; isithunjwa, izithunjwa.**
capture (n), **ukubamba; ukuthunjwa.**
capture (v), **bamba; thumba.**
car (n), **imoto, izimoto.**
carcass (n), **isidumbu sesilwane.**
card (n), **ikhadi, amakhadi.**
cardboard (n), **ikhadibhodi, amakhadibhodi.**
care (n), **isihe.**
care (v), **londoloza (take care of); khathalela (care about).**
careful (a), **-nakekelayo; -qaphelayo.**
carefully (adv), **-ngokunakekela; -ngokuqaphela.**
careless (a), **-ngakhathali.**
carelessly (adv), **dedengu; ngokunganakekeli.**
carpenter (n), **umbazi wamapulangwe, ababazi bamapulangwe.**
carriage (n), **ikalishi, amakalishi.**
carrot (n), **ikhalothi, amakhalothi; isanqante, izanqante; isaqathe, izaqathe.**
carry (v), **thwala; thutha.**
cart (n), **ingqukumbane, izingqukumbane.**
cartilage (n), **uluqwanga, izinqwanga.**
carve (v). **sika; qoba (meat); qopha.**
cask (n), **umphongolo, imiphongolo.**

cast (v), phonsa; jikijela; abuza (the skin); ebuza.

castor oil (n), amafutha enhlakuva; ukastroli.

castrate (v), thena.

casualty (n), inkubele, izinkubele.

cat (n), ikati, amakati; imbodla, izimbodla (wild).

catalogue (n), ikhathalogi, amakhathalogi.

catch (v), bamba; nqaka.

caterpillar (n), icimbi, amacimbi; isibungu, izibungu; isicabucabu, izicabucabu.

cattle (n), izinkomo.

cattle-dung (n), ubulongwe.

cattle kraal (n), isibaya, izibaya.

cause (n), isiqaliso, iziqaliso; isisusa, izisusa.

caution (n), isiqapheliso; ukuxwaya.

cave (n), umhume, imihume; umgede, imigede.

cease (v), khawuka; nqamuka.

celebrate (v), gubha umkhosi.

celebration (n), umkhosi, umgidi.

cell (n), igobolondwana, amagobolondwana (plant or animal).

cement (n), usemende, osemende.

cemetery (n), emangcwabeni; emathuneni.

census (n), ukubalwa kwabantu.

cent (n), icenti, amacenti.

centenary (n), iminyaka eyikhulu.

centipede (n), inkume, izinkume.

centre (n), phakathi nendawo; indeni, izindeni; isenta, amasenta.

ceremony (n), umkhosi, imikhosi.

certificate (n), isitifiketi, izitifiketi.

certify (v), qinisela; qinisa; fakaza.

chafe (v), khuhla.

chaff (n), impepha, izimpepha; ikhoba, amakhoba.

chain (n), iketanga, amaketanga.

chair (n), isihlalo, izihlalo.

chairman (n), umphathi-sihlalo, abaphathi-sihlalo; usihlalo, osihlalo.

chalk (n), ishoki, amashoki; umcako.

challenge (v), cela inselele; qhudelana.

chameleon (n), unwabu, izinwabu.

champion (n), ingqwele, izingqwele.

chance (n), ithuba, amathuba.

change (v), shintsha, guqula.

change (n), ushintshi, oshintshi (money).

chapter(n), isahluko, izahluko.

character (n), isimilo, izimilo.

characteristic (n), uphawu, izimpawu.

charge (n), icala, amacala.

charge (v), beka icala.

charity (n), umhawu.

chart (n), ishadi, amashadi.

chase (v), xosha; hubha; sukela.

chasm (n), ingolokoxi, izingolokoxi; isihobhozi, izihobhozi.

chatter (v), qeketha.

cheap (a), -shibhile, -shibhileyo.

cheat (v), khohlisa.

cheek (n), isihlathi, izihlathi; ukweyisa (insolence).

cheek-bone (n), isiqhoma, iziqhoma.

cheerful (a), -thokozile; -eneme.

cheese (n), ushizi, oshizi.

cheque (n), isheke, amasheke.

chest (n), isifuba, izifuba; ibhokisi, amabhokisi (box).

chew (v), hlafuna; etshisa (cud).

chicken (n), itshwele, amatshwele; ichwane, amachwane.

chicken-hawk (n), unhloyile, onhloyile; uheshane, oheshane.

chicken-pox (n), inqubulunjwana.

chief (n), inkosi, amakhosi.

chieftainship (n), ubukhosi.

child (n), ingane, izingane; umntwana, abantwana.

childbirth (n), ukubeletha; ukuzala.

childhood (n), ubungane; ubuntwana.

chill (n), ukugodola; ukuqanda.

chillies (n), upelepele, opelepele.

chimney (n), ushimula, oshimula.

chin (n), isilevu, izilevu; ibilo, amabilo.

chip (n), izwibela, amazwibela; ibazelo, amabazelo.

chip (v), qhezula, ceza.

choice (n), ukukhetha; ukuqoma.

choir (n), ikwaya, amakwaya.

choke (v), klinya; binda; miwa.

choose (v), khetha; qoma; qoka.

chop (v), canda; gawula; genca.

Christ (n), uKrestu; uKhrestu.

christen (v), bhabhathiza.

Christian (n), iKholwa lomKrestu, amaKholwa omKrestu; IKholwa elingumKrestu, amaKhlowa angamaKrestu.

Christmas (n), uKhisimuzi, oKhisimuzi.

chronological (a), landelana ngokwelamana.

chrysalis (n), isiphungumangathi, iziphungumangathi.

church (n), isonto, amasonto; ibandla, amabandla (people).

churn (v), phehla.

cicada (n), isihlonono, izihlonono.

cigarette (n), usikilidi, osikilidi.

cinder (n), ilahlana, amalahlana.

circle (n), isiyingi, iziyingi; indingilizi, izindingilizi.

circulate (v), yingeleza; sabalala.

circumference (n), umjikelezo wesiyingi, imijikelezo yeziyingi.

circumcise (v), soka.

circumcision (n), ukusoka.

circus (n), isekisi, amasekisi.

citizen (n), isakhamuzi, izakhamuzi.

city (n), idolobha elikhulu; amadolobha amakhulu.

civilian (n), isakhamuzi esingabuthiwe, izakhamuzi ezingabuthiwe.

civilization (n), impucuko, izimpucuko.

civilise (v), phucula, phucuza.

clandestine (a), -ngasese.

clarify (v), hlambulula; chaza; hlazulula.

clasp-knife (n), igotshwa, amagotshwa.

classify (v), hlela ngononina.

clavicle (n), ingqwababa, izingqwababa.

claw (n), izipho, amazipho.

clay (n), ibumba, amabumba.

clean (a), -hlanzekileyo.

cleanliness (n), ukucoceka, ubunono.

cleanse (v), hlanza; geza.

clear (a), -sobala; -cwebile (liquid); -cwathile; -cwathulile (of sky).

clear (table) (v), endlula itafula.

clergyman (n), umfundisi, abafundisi, abefundisi.

clerk (n), umabhalana, omabhalana.

clever (a), -hlakaniphile; -hlakaniphileyo.

client (n), omelwayo, abamelwayo.

cliff (n), iwa, amawa; isiwa, iziwa.

climate (n), ikilayimethi; izulu.

climb (v), khwela; enyuka; enyukela.

cling (v), nombela; namathela.

clinic (n), ikiliniki, amakiliniki.

clock (n), ikilogo, amakilogo.

clod (n), igabade, amagabade.

close (v), vala; vimba.

closet (lavatory) (n), ibhoshi, amabhoshi; ilavathi, amalavathi; indlu encane, izindlu ezincane.

clot (n), ihlule, amahlule (blood).

cloth (n), indwangu, izindwangu.

clothe (v), gqokisa; embesa; embathisa.

clothes (n), izingubo.

cloud (n), ifu, amafu.

club (n), isagila, izagila (knob stick); iwisa, amawisa; ikilabhu, amakilabhu (social).

coal (n), ilahle, amalahle.

coal-tar (n), itiyela.

coast line (n), ugu, izingu; usebe, izinsebe.

coat (n), ibhantshi, amabhantshi.

cob (n), isikhwebu, izikhwebu.

cobra (n), uphempethwane, ophempethwane.

cobweb (n), ubulembu.

coccyx (n), umsinsila, imisinsila.

cock (n), iqhude, amaqhude.

cockroach (n), iphela, amaphela.

cocoa (n), ukhokho.

cocoon (n), umfece, imifece.

coffee (n), ikhofi.

coffin (n), ibhokisi lokungcwaba; amabhokisi okungcwaba.

coin (n), uhlamvu lwemali, izinhlamvu zemali.

cold (a), -qandayo, -makhaza, -bandayo.

collar (v), ukhololo, okhololo.

collar bone (n), ingqwababa, izingqwababa.

collect (v), butha; qoqa; qongelela.

college (n), ikholiji, amakholiji.

collide (v), shayana; ngqubuzana; nqwamana.

collision (n), ukungqubuzana; ukushayana.

colon (n), inanzi, izinanzi.

colour (n), umbala, imibala.

coloured (person) (n), ikhaladi, amakhaladi.

comb (n), ikama, amakama.

comb (v), kama.

combine (v), hlangana; hlanganisa.

come (v), -za; sondela; fika.

comedy (n), isiyoliso, iziyoliso.

comfort (n), induduzo.

comic (a), -hlekisayo.

command (v), layeza: khuza.

commandment (n), umyalo, imiyalo; isimemezelo, izimemezelo.

commence (v), qala.

commission (money) (n), umhlomulo, imihlomulo.

commissioner of oaths (n), umfungisi. abafungisi.

committee (n), ikomidi, amakomidi.

common (a), -vamileyo; -andileyo.

commonly (adv), ngokuvamileyo.

commotion (n), isiyaluyalu, iziyaluyalu; isiphithiphithi, iziphithiphithi.

communion (holy) (n), iSidlo seNkosi; iZidlo zeNkosi.

companion (n), umngane, abangane; isihlobo, izihlobo (relative); umhlobo, abahlobo.

companionship (n), ubungane.

compare (v), qhathanisa; linganisa.

compass (n), isikhomba-magumbi, izikhomba-magumbi; ikhompasi, amakhompasi.

compel (v), phoqa; xhina; cindezela.

compete (v), phikisana; ncintisana; qhudelana.

competition (n), umphikiswano, imiphikiswano; umncintiswano, imincintiswano.

complain (v), khononda; khala.

complainant (n), ummangali, abamangali.

complaint (n), isikhalo, izikhalo.

complete (v), qeda; feza.

compose (music) (v), qamba.

composer (n), umqambi, abaqambi.

composition (writing) (n), indaba, izindaba.

compost (n), ivundela.

compound (n), inkomponi, izinkomponi; okuthakiwe (chemical).

compress (v), cindezela; minyanisa.

compulsion (n), impoqo; ukucindezela.

conceal (v), fihla; thukusa.

conceited (a), -qhoshile; -zikhukhumezayo; -zithwele.

conceive (v), khulelwa; mitha; cabanga (think).

concert (musical) (n), umculo; ikhonsathi, amakhonsathi.

concertina (n), inkositini, izinkositini.

conclusion (n), isiphetho.

concrete (n), ukhonkolo; usemende, osemende.

concur (v), vuma; vumelana.

condemn (v), lahla ngecala; gwebela.

conditions (of service) (n), izimiso zesikhundla.

condole (v), lilela; izwela.

condone (v), xolela.

conduct (choir) (v), culisa; bhida.

conductor (n), umculisi; abaculisi; ukhondaktha, okhondaktha.

coney (n), imbila, izimbila.

confer (v), cebisana.

confess (v), vuma.

confessor (n), umpristi ovumisayo, abapristi abavumisayo.

confide (v), hlebela.

confidential (a), -yesifuba; -yisifuba.

confiscate (v), phuca, -dla.

conflict (n), ingxabano, izingxabano; ukulwa.

confuse (v), lutha; sanganisa; dida.

congeal (v), shuba; shuqa; jiya.

congratulate (v), halalisela.

congregate (v), buthana.

congregation (church) (n), ibandla, amabandla.

congress (n), inhlangano, izinhlangano, ukhongolose, okhongolose.

connect (v), hlanganisa.

conquer (v), ahlula; nqoba.

conscience (n), unembeza, onembeza.

consecutive (a), -landelana.

consent (v), vumela.

consent (n), imvume.

consequence (n), impumelelo, izimpumelelo.

conserve (preserve) (v), -onga, londoloza.

consider (v), zindla; cabanga.

considerate (a), -nozwelo; -cabangelayo.

console (v), duduza; lilela.

consonant (n), ungwaqa, ongwaqa.

conspicuous (a), -qhamile; -qavile.

conspiracy (n), uzungu, izinzungu.

conspire (v), enza uzungu; ceba.

constable (n), iphoyisa, amaphoyisa.

consternation (n), ingebe.

constipation (n), ukusongeleka.

construct (v), akha; enza.

consult (v), bonisana.

consumption (a), -nexhwala; -nesifuba.

contagious (a), okusulelayo.

contain (v), phatha; mumatha; qukatha.

contempt (n), indelelo.

contend (v), banga.

content (a), -enamile; -delile; -anelisiwe.

contest (n), umbango.

contest (v), banga; lwela.

continent (n), izwekazi, amazwekazi.

continue (v), qhuba; hlala.

contour (v), ukunquma nentaba; ukunquma ngamakhonto; ukuvundla intaba.

contour (n), ikhonto, amakhonto.

contraception (n), ukuvala ukumitha.

contract (n), iphepha lesivumelwano; amaphepha ezivumelwano.

contract (v), finyela; enza isivumelwano.

contraction (n), ukufinyela; isifinyezo, izifinyezo.

contradict (v), phika; phikisa.

controversy (n), ukuphikisana.

convalesce (v), lulama.

convene (v), hlanganisa (convene a meeting), biza umhlangano.

conversation (n), ingxoxo, izingxoxo; inkulumo, izinkulumo.

converse (v), xoxa, khuluma.

conversion (n), ukuguquka, ukuphenduka.

convert (v), phendula.

convert (n), ikholwa, amakholwa.

convey (v), thwala; thutha.

convict (n), isiboshwa, iziboshwa.

convict (v), lahla ngecala.
convince (v), anelisa; delisa.
convulsions (n), umqhakanyeko.
cook (v), pheka.
cool (a), -pholileyo.
co-operation (n), ubambiswano.
copper (n), ikhopha.
copse (n), ihlozi, amahlozi.
copulate (v), lalana; hlangana; khwela (animals).
cord (n), intambo, izintambo.
cork (n), ukhokho, okhokho; isivimbo, izivimbo.
corner (n), igumbi, amagumbi; ingosi, izingosi; ikhona, amakhona.
coronation (n), ukumiswa kweNkosi.
corpse (n), isidumbu, izidumbu.
correct (a), -yikho; -lungile.
corrode (v), khevuza.
corrupt (a), -khohlakele; -bolile (rotten); -onakele.
costly (a), -dulile, biza imali eningi.
cotton (n), ukotini, okotini; ugampokwe, ogampokwe (plant).
cough (v), khwehlela.
council (n), umkhandlu, imikhandlu.
councillor (n), ilunga lomkhandlu, amalunga omkhandlu.
count (v), bala.
country (n), izwe, amazwe.
courage (n), isibindi.
courageous (a), -nesibindi.
court (v), eshela, qomisa.
court (n), inkantolo, izinkantolo.
court (appeal) (n), amajaji okugcina.
cover (v), mboza; sibekela (with lid, etc.).
covet (v), fisa, khanukela.
cow (n), inkomazi, izinkomazi.
coward (n), igwala, amagwala.
cowardice (n), ubugwala.
crab (n), inkala, izinkala; inkalankala, izinkalankala.
crack (v), klewuka (crack open); dubuka (break).
cramp (n), inkwantshu (muscle).

crawl (v), khasa; gaqazela.
cream (n), ulaza; ukhilimu.
crease (n), umqolo, imiqolo.
create (v), dala; qamba.
Creator (n), uMdali.
creature (n), isidalwa, izidalwa.
creep (v), gaqazela; enaba (of plant).
creeper (n), intandela, izintandela.
cricket (n), inyendle, izinyendle (insect); ikhrikhethi (sport).
cripple (n), isishosha, izishosha; isidalwa, izidalwa.
crocodile (n), ingwenya, izingwenya.
crooked (a), -magwegwe; -gwegwileyo.
crop (n), imvuno; okuvunwayo; indlelo, izindlelo (bird).
crop rotation (n), ukulandelana kwezilimo.
cross (n), isiphambano, iziphambano.
cross examine (v), ukukhwesha; ukuphenya.
crouch (v), gwaca; lala izibuthu.
crow (n), igwababa, amagwababa.
crowbar (n), umgxala, imigxala.
crowd (n), isixuku, izixuku.
crowded (a), -minyene, -cinene.
crown (n), umqhele, imiqhele.
crucify (v), nqamuleza; bethela esiphambanweni.
cruel (a), -nonya, -nesihluku.
cruelty (n), ulunya; isihluku.
crumb (n), imvuthu, izimvuthu; imvuthuluka, izimvuthuluka.
crumble (v), khumuzeka; bhudluka.
crust (n), uqweqwe, izingqweqwe.
cry (v), khala; memeza.
cub (n), iwundlu, amawundlu.
cud (n), umswani, imiswani.
culprit (n), onecala, abanecala; iselelesi, izelelesi.
cultivate (v), lima; hlakula (weed).
cunning (a), -nobuqili.
cup (n), inkomishi, izinkomishi.
cupboard (n), ikhabethe, amakhabethe.

cur (n), umgodoyi, imigodoyi.
curb (v), thiba; khuza.
curdle (v), jiya; hloba.
cure (v), elapha; sindisa.
curl (n), ingoqela, izingoqela.
curriculum (n), uhlelo lwezifundo, izinhlelo zezifundo.
curse (v), thuka, qalekisa.
curse (n), isiqalekiso, iziqalekiso.

curtain (n), ikhethini, amakhethini.
custody of children (n), ukuphathwa kwabantwana.
custom (n), umkhuba, imikhuba; isiko, amasiko.
cut (v), sika; nquma.
cutting (n), umsaho, imisaho (hillside); ihlumela, amahlumela (plant).
cut-worm (n), umswenya, imiswenya.

D

dagga (n), insangu.
daily (adv), izinsuku zonke; insakavukela.
dam (n), idamu, amadamu (water).
damage (n), ukonakala; isenzakaliso, izenzakaliso; umonakalo.
dampness (n), umswakama.
damsel (n), intombazane, amantombazane; intombi, izintombi.
dance (v), sina; gida.
dandruff (n), inkwethu.
danger (n), ingozi, izingozi.
dangerous (a), -nengozi, -yingozi.
dark (a), -mnyama; -fiphele; -nsundu.
darkness (n), ubumnyama.
date (n), usuku lwenyanga, izinsuku zenyanga; isundu, amasundu (date palm).
daughter (n), indodakazi, amadodakazi.
daughter-in-law (n), umalokazana, omalokazana.
dawn (v), ntwela; ukusa.
dawn (n), ukusa.
day (n), usuku, izinsuku; umuhla, imihla; ilanga, amalanga.
daybreak (n), uvivi.
daytime (n), imini, izimini.
daze (v), phuphuthekisa.
dazzle (v), xhopha.
dead (a), -fileyo.
deaf (person) (n), isithulu, izithulu.
dear (a), -thandekayo.
death (n), ukufa; ukushona.

debar (v), vimbela, nqabela.
debt (n), isikweletu, izikweletu; icala lemali; amacala emali.
decay (v), bola.
deceased (n), umufi.
deceased (a), -fileyo; -shonileyo.
deceit (n), inkohliso.
deceive (v), khohlisa.
deception (n), ukukhohlisa; amacebo.
decide (v), nquma; phetha.
deciduous (a), -wohlokayo; -vuthukayo.
decision (n), isinqumo, izinqumo; isigwebo, izigwebo.
declare (v), veza obala; qinisa; gomela.
decline (v), thambeka (slope down); ncipha (decrease).
decompose (v), bhucuka.
decorate (v), hlobisa; vunulisa.
decoration (n), ukuhlobisa; umhlobiso, imihlobiso.
decrease (v), ncipha; nciphisa; finyeza.
decree (n), isimemezelo, izimemezelo; isimiso, izimiso.
deed (n), isenzo, izenzo.
deep (a), -julileyo; -shonileyo.
defamation (n), isithuko, izithuko; isibhaceko, izibhaceko.
defeat (v), ahlula; nqoba.
defecate (v), -nya; bhosha.

defend (v), vikela; phendulela (reply for).

defendant (n), ummangalelwa, abamangalelwa.

defer (v), hlehlisa; thobela (defer to).

defile (v), ngcolisa; ona.

define (v), chasisela.

deflower (v), mekeza.

defy (v), eyisa; dlelesela.

delay (v), bambezela; libazisa.

delete (v), esula; susa.

delegate (n), isithunywa, izithunywa.

deliberate (v), zindla.

deliberate (a), -enziwe ngamabomu.

delight (v), jabulisa; thokozisa.

delirium (n), ukubhuda; amathezane; ukuhema.

delude (v), khohlisa; dukisa.

demented (a), -sangeneyo;-hlanyayo.

demolish (v), diliza; chitha.

demon (n), idimoni, amadimoni.

demonstrate (v), -tshengisa; -chachisa.

dense (a), -minyene.

dent (n), isifoco, izifoco; isifaca, izifaca.

dentist (n), inyanga yamazinyo, izinyanga zamazinyo.

denude (n), phundla; qwatha.

deny (v), phika.

deodorant (n), isiqedaphunga, iziqedaphunga.

depart (v), hamba; emuka.

dependable (a), -thembekayo.

deposit (n), inzika, izinzika (sediment); isibambiso sempahla, izibambiso zempahla (on account).

deprive (v), aphuca; amuka; phanga.

depth (n), ukujula; ubude phansi.

deputy (n), iphini, amaphini.

deride (v)m klolodela.

derrick (n), ujibha, ojibha.

descend (v), ewuka; ehlika.

describe (v), fanekisa; chasisa.

description (n), ukufanekisa.

desert (n), ihlane, amahlane; ugwadule, izingwadule.

desert (v), eqa; embuka; hlamuka.

deserter (n), imbuka, amambuka.

desire (v), fisa; funa.

desk (n), idesiki, amadesiki.

despair (v), lahla ithemba; dela.

despise (v), fela amathe; enyanya; delela.

destroy (v), chitha (goods); shabalalisa.

detach (v), ahlukanisa; thukulula; qembula.

detain (v), libazisa; bamba (arrest).

detective (n), umseshi, abaseshi; ufokisi, ofokisi.

deter (v), thiba; vimbela.

determination (n), ukuphikelela.

detest (v), zonda; enyanya.

detestible (a), -enyanyekayo.

detribalise (v), khipha emthethweni wenkosi.

devastate (v), bhuqa.

deviate (v), chezuka.

devil (n), uSathane, oSathane.

devour (v), shwabadela.

dew (n), amazolo; umbethe.

dewlap (n), ubilo, izimbilo, amabilo.

diagram (n), umdwebo, imidwebo.

dialect (n), ulimi lwesifunda, izilimi zesifunda.

diamond (n), idayimani, amadayimani.

diaphragm (n), untu.

diarrhoea (n), uhudo; isihudo, izihudo.

dicotyledon (n), ungcezumbili, ongcezumbili.

dictate (v), bizela (as a letter); phoqa.

dictionary (n), isichazimazwi, izichazimazwi.

die (v), fa; shona (people);khothama (important people).

differ (v), ahlukana; ehluka.

difference (n), umahluko.

different (n), -ahlukile; -ngafani.

difficult (a), -lukhuni; -bucayi; -nzima.

difficulty (n), ubunzima; ubucayi.

dig (v), mba; lima; gubha.

dignified (a), -zothileyo; -nesithunzi.

dignity (n), isizotha; isithunzi.

diligence (n), inkuthalo.

diligent (a), -khutheleyo.

dilute (v), hlambulula.

dim (a), -qundekileyo; -fipheleyo.

diminish (v), ncipha.

dimple (n), isifaxa, izifaxa.

dine (v), dla.

dinner (n), idina, amadina.

dip (v), cwilisa.

diphtheria (n), uxilo.

dipping-tank (n), idiphu, amadiphu.

direct (v), khombisa; layeza.

dirt (n), ukungcola; insila, izinsila (body dirt).

dirty (a), -ngcolile.

disable (v), goga; khubaza.

disagree (v), -ngavumelani; xabana.

disappear (v), nyamalala; sithela.

disappoint (v), dumaza; jabhisa.

disarm (v), phuca izikhali.

disaster (n), ingozi enkulu, izingozi ezinkulu; isenzakaliso, izenzakaliso.

disciple (n), umfundi, abafundi; umlandeli, abalandeli.

discipline (n), imfundiso yokulalela, izimfundiso zokulalela.

disclose (v), veza; bonakalisa.

discolour (v), qunga; phuphisa umbala; dunga.

discontent (n), ukhonondo.

discontinue (v), yeka; phezisa.

discord (n), ukungezwani; ubudluthudluthu; ukubhimba (sound).

discount (n), isephulelo, izephulelo; ulwaphulelo, izaphulelo.

discourage (v), dumaza; khubaza.

discover (v), fumanisa; qamba (invent).

discriminate (v), khetha (choose); bandlulula.

discuss (v), xoxa; bhunga.

discussion (n), ingxoxo, izingxoxo; ukukhuluma.

disease (n), isifo, izifo.

disease germ (n), imbewu yokufa; izimbewu zokufa.

disgrace (n), ihlazo, amahlazo; ichilo, amachilo.

disgust (v), casula; canula.

dish (n), indishi, izindishi; isitsha, izitsha.

dishonest (a), -khohlisayo; -ngathembeki.

dishonesty (n), ukungathembeki.

disinfect (v), hlanzisisa; bulala imbewu yokufa.

disinfectant (n), isihlanzisisi, izihlanzisisi.

dislocate (v), enyelisa; enyela; bhinyilika.

dislocation (n), isenyelo, izenyelo.

disloyalty (n), ubumbuka; ukuhlubuka.

dismiss (v), xosha; mukisa; chitha.

dismissal (n), ukuxoshwa, ukuchithwa.

disobedience (n), ukungalaleli.

disobey (v), -ngalaleli; ala ukutshelwa.

disparage (v), jivaza.

disperse (v), chitha; hlakaza.

dispute (v), phikisana; phikisa.

disregard (v), delela; shaya indiva.

dissatisfaction (n), ukhonondo.

dissolve (v), chitha; ncibilikisa (in liquid).

distance (n), ibanga, amabanga.

distinct (a), -qhamileyo.

distinguish (v), ahlukanisa; phawula.

distinguished (a), -phakeme; -dumile.

distribute (v), aba; ahlukanisela.

district (n), isifunda, izifunda.

district surgeon (n), udokotela ka-Hulumeni, odokotela bakaHulumeni.
distrust (v), sola; -ngathembi.
disturb (v), thikimeza.
ditch (n), umsele, imisele.
divide (v), ahlukanisa.
divorce (n), idivosi, amadivosi; isahlukaniso, izahlukaniso.
divulge (v), veza; dulula.
dizziness (n), inzululwane.
do (v), enza.
doctor (n), udokotela, odokotela.
document (n), umbhalo, imibhalo; incwadi, izincwadi.
dog (n), inja, izinja; ichalaha, amachalaha (male).
domestic (a), okwasekhaya; isilwane esifuyiwe, izilwane ezifuyiwe.
donation (n), isipho, izipho; uminikelo, iminikelo.
done (v), -enziwe.
donga (n), udonga, izindonga.
donkey (n), imbongolo, izimbongolo.
door (n), umnyango, iminyango; isicabha, izicabha (hut).
dose (n), isilinganiso somuthi, izilinganiso zomuthi.
dot (n), ichashazi, amachashazi.
doubt (n), intandabuzo.
dough (n), inhlama.
dove (n), ihobhe, amahobhe; ijuba, amajuba.
down (n), isihluphe, izihluphe (feathers).
down (adv), phansi; ezansi.
downcast (a), -danile, -dangele.
doze (v), hlwathiza.
dozen (n), idazini, amadazini; ishuminambili, amashumi-nambili.
drag (v), hola; hudula.
dragon-fly (n), uzekamanzi, ozekamanzi.
drainpipe (n), ipayipi, amapayipi.
Drakensberg (n), uKhahlamba.
draw (v), dweba; donsa (pull).

dread (n), ingebhe; itwetwe.
dream (n), iphupho, amaphupho.
dream (v), phupha.
dregs (n), isicethe, izicethe.
dress (v), gqoka; embatha; vunula (in finery).
dress (n), ingubo, izingubo.
dressing (wound) (n), okokubopha inxeba; imidweshu.
drink (v), phuza.
drip (v), consa.
drive (v), qhuba; hambisa; shayela.
drivel (n), ukumpompa.
driver (n), umshayeli, abashayeli.
drizzle (v), khiza; khemezela.
drone (n), unodongo, onodongo (bee).
droop (v), buna; yenda; yetha.
drop (n), iconsi, amaconsi; ithonsi, amathonsi; ichaphazelo, amachaphazelo.
drop (v), wisa.
dropsy (n), umankunkunku.
drought (n), ukomisa kwezulu; imbalela.
drown (v), minza.
drowse (v), ozela.
drum (n), isigubhu, izigubhu; umgqomo, imigqomo.
drunk (a), -dakiweyo.
drunkard (n), isidakwa, izidakwa.
dry (a), -omile; -shile.
duck (n), idada, amadada; ikewu, amakewu.
due (n), okufanele; imfanelo, izimfanelo.
duiker (n), impunzi, izimpunzi.
dumb (person) (n), isimungulu, izimungulu.
dumpling (n), idombolo, amadombolo.
dune (n), indunduma, izindunduma.
dung (n), ubulongwe (cattle); amasimba; ilongwe, amalongwe (cattle).
duodenum (n), ithumbu lenanzi.
duplicity (n), inkohliso; ubuqili.

dusk (n), ukuhwelela.

dust (n), uthuli, izintuli.

duster (n), indwangu yokwesula uthuli; izindwangu zokwesula u-thuli.

duty (n), imfanelo, izimfanelo; isibopho, izibopho.

dwarf (n), isichwe, izichwe.

dwelling (n), indlu, izindlu; ikhaya, amakhaya.

dynamite (n), udalimede.

dysentery (n), isihudo esinegazi; isisu segazi.

E

each (prn), yilowo.

eager (a), fisayo.

eagle (n), ukhozi, izinkozi.

ear (n), indlebe, izindlebe.

earn (v), sebenzela, hola, zuza.

ear-ring (n), icici, amacici.

earth (a), umhlaba, imihlaba, umhlabathi, imihlabathi.

earthenware (a), -bumba.

earthquake (n), indudumela, izindudumela; ukuzamazama komhlaba.

earthworm (n), umsundu, imisundu.

east (n), impumalanga.

easy (a), -lula.

eat (v), -dla.

eating mat (n), isithebe, izithebe.

echo (n), isenanelo, izenanelo.

eclipse (n), ukusithana kwelanga; ukusithana kwenyanga; ukuhlwa emini; ukufiphala kwenyanga; ukufiphala kwelanga.

economise (v), onga.

eczema (n), utwayi; umuna.

edge (n), umphetho, imiphetho; icele, amacele; usiko, izinsiko.

edible (a), -dliwayo; -dlekayo.

edit (v), hlela.

editor (n), umhleli, abahleli.

educate (v), fundisa.

education (n), imfundo, izimfundo.

eel (n), umbokwane, imibokwane.

efface (v), esula.

effort (n), umzamo, imizamo.

effortless (a), -kalula; ngaphandle komzamo.

egg (n), iqanda, amaqanda; ubomi (insect's eggs).

eggshell (n), igobolondo leqanda; amagobolondo amaqanda.

eight (num), isishiyagalombili.

eighteen (num), ishumi nesishiyagalombili.

eighty (num), amashumi ayisishiyagalombili.

either (a), noma; kumbe.

eject (v), khipha; phumisa.

eland (n), impofu, izimpofu.

elastic (n), injoloba, izinjoloba.

elbow (n), indololwane, izindololwane.

eldest (a), -dala kakhulu.

elect (v), khetha; qoma.

election (n), ukhetho.

electricity (n), ilektriki; ugesi.

electrocution (n), ukubulala ngelektriki.

element (n), isithako semvelo, izithako zemvelo.

elephant (n), indlovu, izindlovu.

elevate (v), phakamisa; khuphula.

elevator (lift) (n), udladla.

eleven (num), ishumi nanye.

eligible (a), -fanelekile.

eliminate (v), khipha; susa.

elongate (v), dephisa, elula.

elope (v), baleka; eqa.

eloquence (n), ubunyoningco ekukhulumeni; ubuqaphuqaphu.

elsewhere (adv), kwenye indawo.

elucidate (v), chwephesha, cacisa.

emaciated (a), -zacileyo.

emancipate (v), khulula; khulula ebugqilini.

embarrass (v), phoxa; thela ngamahloni.

embers (n), amalahle.

embrace (v), gona.

embryo (n), isibindi sembewu (plant) izibindi zembewu; umbungu imibungu (human foetus).

emerge (v), phuma; hlaluka; qhamuka.

emetic (n), umhlanziso; okokuphalaza.

emigrate (v), thuthela kwelinye izwe.

eminent (a), -qhamileyo; -dumileyo.

emphasis (n), isigcizelelo, izigcizelelo.

emphasize (v), gcizelela.

employ (v), sebenzisa; qashela umsebenzi.

employee (n), isisebenzi, izisebenzi.

employer (n), umqashi, abaqashi.

empty (a), -ngenalutho.

enciente (a), -mithi; -khulelwe; -nesisu.

encircle (v), kaka; zungelezela.

enclose (v), valela; biyela (fence).

encourage (v), qinisa; qinisa amadolo; khuthaza.

end (n), ukugcina; umkhawulo, imikhawulo; isigcino, izigcino.

endanger (v), faka engozini.

endear (v), thandekisa.

endeavour (v), zama; linga.

enema (n), uchatho, izincatho.

enema (administer) (v), cnatha.

enemy (n), isitha, izitha.

energy (n), isidlakadla. izidlakadla (violent); ukukhuthala.

enforce (v), phoqelela.

engaged (a), -bambekileyo; -thenjisiweyo.

engine (n), injini, izinjini; umshini, imishini.

English (n), isiNgisi (language).

Englishman (n), iNgisi, amaNgisi.

enigma (n), inkinga, izinkinga.

enjoy (v), thokozela; jabulela.

enlarge (v), andisa; khulisa.

enlighten (v), khanyisela; qondisa.

enmity (n), inzondo; ubutha.

enough (a), -anele.

enquire (v), buza.

enrich (v), nothisa; cebisa.

enslave (v), gqilaza, gqilazisa.

enter (v), ngena.

enthusiasm (n), umdlandla; ukushisekela.

entice (v), yenga; donsa.

entire (a), -phelele.

entrails (n), amathumbu; izibilini.

enumerate (v), bala; landa.

envelope (n), imvilophu, izimvilophu.

envious (a), -hawukelayo.

envy (n), umona; umhawu.

epidemic (n), umqedazwe, imiqedazwe.

epidermis (n), ulwabulo.

epilepsy (n), isithuthwane.

epsom salts (n), ingisawoti.

equal (a), -lingene.

equator (n), inkabazwe; ixhamhlaba.

erase (v), sula; susa.

erect (v), akha; misa.

erosion (n), ukukhukhuleka; ukuguguleka.

err (v), phosisa.

error (n), isiphosiso, iziphosiso.

erupt (v), qhuma; bhoboka.

escape (v), eqa; sinda.

escort (n), umphelekezeli, abaphelekezeli; umphekezeli, abaphekezeli.

essence (n), isizinda, izizinda; isinandiso (flavouring).

essential (a), okusemqoka.

establish (v), akha; misa.

esteem (v), azisa.

estuary (n), isizalo somfula, izizalo zemifula.

eternal (a), -phakade; -ngapheliyo.

etiquette (n), ukuhloniphana; inhlonipho.

euphorbia (n), umhlonhlo, imihlonhlo; umuthi okhala amasi, imithi ekhala amasi.

evangelist (n), umvangeli, abavangeli.

evaporate (v), hwamuka.

even (a), -lingeneyo.

evening (n), isikhathi sakusihlwa; (in the evening), kusihlwa.

event (n), isehlo, izehlo.

ever (adv), nanini.

evergreen (a), -ngawohloki; -ngavuthuki.

everlasting (a), -ngapheliyo.

every (a), -nke.

evidence (n), ubufakazi.

evil (n), ububi; ukona.

exaggerate (v), andisa; khulisa.

exalt (v), dumisa; phakamisa.

examination (n), ukuhlolwa.

examine (v), hlola.

example (n), isibonelo, izibonelo.

excavate (v), gubha.

exceed (v), dlula; -va.

excel (v), beka induku; dlula.

except (prep), ngaphandle kwa-, ngaphandle ko-.

excite (v), vusa; phaphamisa; ethusa.

exclaim (v), babaza; khuza.

exclude (v), khetha; vimbela.

excommunicate (v), khipha ebandleni lesonto.

excreta (n), amasimba; uthuvi.

excuse (v), xolela; xolisa.

excuse (n), izaba.

execute (v), lengisa (hang); phanyeka (hang); bulala ngokomthetho; enza (do).

exercise (n), ukwelula umzimba; ukwelula izitho zomzimba.

exhibit (v), veza obala; bonisa; eneka (spread out).

exhibition (n), umbukiso, imibukiso.

exile (n), odingisiweyo, abadingisiweyo; ukudingiswa; umdingiswa, abadingiswa.

exile (v), dingisa.

existence (n), ukubakhona.

expand-(v), khulisa; nweba; fukuka.

expect (v), themba; bheka.

expectorate (v), phimisa amathe.

expedite (v), khawuleza.

expel (v), xosha; dingisa.

expenses (n), izindleko.

expensive (a), -bizayo; -dulile.

expert (n), ingcweti, izingcweti.

explain (v), chasisa; chaza.

explanation (n), incasiselo, izincasiselo.

explode (v), qhuma; qhumisa.

explore (v), hlola.

exports (n), ezohwebo eziphumayo.

expose (v), mbula; mbulula; dalula.

extend (v), nweba; dephisa.

exterior (n), ingaphandle.

exterminate (v), qeda; qothula.

extinguish (v), cima; cisha.

extravagance (n), ukuhlaphaza.

extravagant (a), -hlaphazayo.

exude (v), mfoma.

eye (n), iso, amehlo; ihlo, amehlo.

eyebrow (n), ishiya, amashiya.

eyelash (n), ukhophe, izinkophe.

eyelid (n), ijwabu leso; amajwabu amehlo.

eye-witness (n), ufakazi obone ngamehlo, ofakazi ababone ngamehlo.

F

fable (n), inganekwane, izinganekwane; insumo, izinsumo; insumansumane, izinsumansumane.

face (n), ubuso.

face (v), bheka.

facetious (a), -ncokolayo; -tekulayo.

fact (n), into ekhona, izinto ezikhona.

factory (n), ifektri, amafektri.

fade (v), fiphala; buna (wilt).

faeces (n), indle; amasimba.

fail (v), phutha; ahluleka.

failure (n), isahluleko, izahluleko; ukwahluleka; ukushona (business).

faint (v), quleka.

fainting-fit (n), isinxi, izinxi.

fair (a), -mhloshana.

faith (n), ukholo, izinkolo; ithemba, amathemba; ukukholwa.

faithful (a), -thembekile.

fake (v), bumbezela.

fall (v), -wa.

false (a), -ngeyiyo.

falsehood (n), amanga; ilumbo, amalumbo.

fame (n), udumo.

family (n), umuzi, imizi; indlu, izindlu.

famine (n), indlala, izindlala.

famous (a), -dumileyo.

fang (n), izinyo, amazinyo; inzawu, izinzawu (snake).

far (adv), kude.

farm (n), ipulazi, amapulazi.

farmer (n), umninipulazi, abaninimapulazi; umlimi, abalimi.

farthing (n), isithivili, izithivili.

fast (v), zila ukudla.

fast (a), -sheshayo, -sheshisayo.

fasten (v), bopha, thekeleza.

fat (n), amafutha.

fat (a), -khulupheleyo; -nonileyo.

fate (n), ukudalelwa.

father (n), ubaba, obaba (my/our); uyihlo, oyihlo (your); uyise, oyise his/her/their).

father-in-law (n), ubabezala, obabezala (bride); umukhwe, abakhwe (bridegroom).

fatigue (n), ukukhathala.

fault (n), icala, amacala; isici, izici.

fauna (n), izilwane.

favour (n), umusa; isihle.

favourite (n), incelebana, izincelebana; intandokazi, izintandokazi; isilomo, izilomo.

fear (v), enqena; esaba.

feast (n), idili, amadili; isidlo, izidlo.

feather (n), uphaphe, izimpaphe.

feeble (a), -buthakathaka.

feed (v), idlisa; funza (child); ondla.

feel (v), zwa.

feint (v), sikaza.

female (n), owesifazane, abesifazane (human); insikazi, izinsikazi (animal).

fence (n), ucingo, izincingo.

ferment (v), vubela.

fern (n), isikhomakhoma, izikhomakhoma.

fertile (a), -vundileyo (soil).

fertilisation (n), ukuthela umquba (soil); ukulumbaniseka (biological).

fertilise (v), thela umquba (soil); lumbanisa (biological).

fertiliser (n), umanyolo, omanyolo (artificial); umquba.

fester (v), vunda.

festival (n), umkhosi, imikhosi.

fetch (v), landa.

fever (n), imfiva, izimfiva; uqhuqho (malaria).

few (n), ingcosana.

fibre (n), inxoza.

fidelity (n), ukwethembeka.

fierce (a), -nolaka.

fifteen (num), ishumi nesihlanu.

fifty (num), amashumi amahlanu.

fig (n), ikhiwane, amakhiwane.

fig (tree) (n), umkhiwane, imikhiwane.

fight (v), lwa.

figure (n), isibalo, izibalo (numeral).

file (n), isigudlo, izigudlo; ifeyili, amafeyili.

file (v), gudla; gudluza.

fill (v), gcwalisa.

filter (v), cwenga; hluza.

fin (n), isigwedlo, izigwedlo.

find (v), fumana; thola.
fine (v), hlawulisa.
finger (n), umunwe, iminwe.
finger (smallest) (n), ucikane, ocikicane.
finger (index) (n), unkomba, onkomba.
finger-print (n), uphawu lomunwe, izimpawu zeminwe.
finger-nail (n), uzipho lomunwe; izinzipho zeminwe.
finish (v), qeda.
fire (n), umlilo, imililo.
fire (v), okhela; thungela; basa; babela (grass, veld); dubula (gun).
firefly (n), imfinyezi, izimfinyezi.
fireplace (n), iziko, amaziko.
firewood (n), ukhuni, izinkuni.
firm (n), inkampane, izinkampane.
firm (a), -gxilile; -qinile.
firmament (n), isibhakabhaka.
first (n), owokuqala, abokuqala (person).
first-born (n), izibulo, amazibulo.
fish (n), inhlanzi, izinhlanzi.
fish (v), doba.
fish-hook (n), udobo, izindobo.
fishmoth (n), umvunya.
fist (n), isibhakela, izibhakela.
fit (v), lingana.
five (a), -hlanu.
fizz (v), hwahwaza.
flag (n), iduku, amaduku.
flake (n), ucwecwana, izincwecwana.
flame (n), ilangabi, amalangabi.
flamingo (n), umakholwane, omakholwane.
flannel (n), imfulane, izimfulane.
flash (v), banyazela; baneka.
flat (a), -lelesiwe; -lingene.
flatter (v), thopha; thopheza.
flatulent (a), -qumbileyo.
flavour (v), nandisa; nonga.
flea (n), izenze, amazenze.
fledgling (n), iphuphu, amaphuphu.
flee (v), baleka.

flesh (n), inyama, izinyama.
flicker (v), lokoza.
flirt (v), qomisa.
float (v), ntanta.
floating ribs (n), umpethwana, ompethwana.
flock (n), umhlambi, imihlambi.
flog (v), shaya; mbonya.
flora (a), okumilayo.
florin (n), isikotshimani, izikotshimani.
flour (n), ufulawa, ofulawa; impuphu.
flout (v), eyisa.
flow (v), gobhoza; heleza; geleza.
flower (v), qhakaza; khahlela (mealie); bhalasa.
flower (n), imbali, izimbali.
flu (n), umkhuhlane, imikhuhlane.
fluent (a), nganqikaziyo.
fluid (a), -samanzi.
fluid (n), uketsheza, izinketsheza.
flute (n), umtshingo, imitshingo.
flutter (v), bhakuza.
fly (v), ndiza.
fly (n), impukane, izimpukane.
flying-ant (n), inhlwa, izinhlwa.
foal (n), inkonyane yehashi, amankonyane amahashi.
foe (n), isitha, izitha.
foetus (n), umbungu, imibungu.
fog (n), inkungu, izinkungu; isingci.
fold (v), songa; shuqula.
folklore (n), amasiko nezinganekwane.
follow (v), landela.
follower (n), umlandeli, abalandeli.
folly (n), ubuthutha.
foment (v), thoba; phemba uthuthuva (foment trouble).
food (n), ukudla.
fool (n), isithutha, izithutha.
foolishness (n), ubuwula; ubuthutha.
foot (n), unyawo, izinyawo; ifidi, amafidi (measurement).
football (n) (ball), ibhola, amabhola; (game) umdlalo webhola.

footsteps (n), izigi.
forbid (v), nqabela; ala.
force (n), indluzula, izindluzula (violence).
force (v), enza ngendlovula; dluzula.
ford (n), izibuko, amazibuko.
forearm (n), ugalo, ogalo.
forehead (n), ibunzi, amabunzi.
foreman (n), imfolomani, izimfolomani.
forest (n), ihlathi, amahlathi.
foretell (v), bikezela.
forever (adv), kuze kube nini.
forge (v), ukuntshontsha isandla.
forget (v), khohlwa.
forgive (v), thethelela.
forgiveness (n), intethelelo; uxolo.
fork (n), imfologo, izimfologo; ibhaxa, amabhaxa (tree).
form (n), isimo, izimo.
fornicate (v), phinga.
forsake (v), shiya; hlubuka.
fort (n), inqaba, izinqaba.
fortitude (n), ukuma isibindi.
fortnight (n), amasonto amabili.
fortunate (a), -nenhlanhla.
fortune (n), umnotho (possessions); inhlanhla, izinhlanhla.
forty (num), amashumi amane.
forward (adv), phambili.
fountain (n), umthombo, imithombo.
four (num), -ne.
fourteen (num), -yishumi nane.
fowl (n), inkukhu, izinkukhu.
fraction (n), iqhezu, amaqhezu.
fracture (v), phoqoza; chachambisa.
fragment (n), isiqhephu, iziqhephu.
fragrance (n), iphunga, amaphunga; ivumba, amavumba.
fraud (n), inkohliso; ubuwaka.

free (v), khulula; khumula.
free (a), -khululekileyo.
freedom (n), inkululeko; ukukhumuka.
freeze (v), qandisisa.
freezing point (n), izingaqhwa.
fret (v), tetema.
Friday (n), oLwesihlanu.
friend (n), umngane, abangane.
friendship (n), ubudlelwane; ubungane.
frighten (v), esabisa; ethusa.
frog (n), isele, amasele; iselesele, amaselesele.
frog-spawn (n), ujunguju.
front (a), -phambili.
frost (n), isithwathwa.
frostbite (n), umshazo, imishazo.
froth (n), ingwebu.
froth (v), khihliza ingwebu.
frown (v), hwaqabala.
fruit (n), isithelo, izithelo.
frustrate (v), shabisa; qunda.
fry (v), thosa; gazinga.
fuel (n), izibaso; okokubasa.
full (a), -gcwele.
full stop (n), ungqi, ongqi.
fumble (v), phumputha; phuthaza.
fumigate (v), thunqisela ngomuthi.
funeral (n), umngcwabo, imingcwabo.
fungus (n), isikhunta (mould).
funnel (n), isetho, izetho.
fur (n), uboya.
furniture (n), impahla yasendlini, izimpahla zasendlini.
furrow (n), umsele, imisele; inkasa (water).
fury (n), isinkahlu.
future (n), isikhathi esizayo.

G

gadfly (n), isibawu, izibawu.
gag (v), enza isamuku.
gain (v), zuza.

gain (n), inzuzo, izinzuzo.
gale (n), isivunguvungu, izivunguvungu.

gall (n), inyongo.
gall bladder (n), inqalathi yenyongo, izinqalathi zenyongo.
gallon (n), igaloni, amagaloni.
gallop (v), gadula; holobha.
gamble (v), bekelana.
gambol (v), tshakadula.
game (n), umdlalo, imidlalo.
gander (n), iqhude lehansi, amaqhude amahansi.
gaol (n), ijele, amajele.
gap (n), isikhala, izikhala.
gape (v), khamisa.
garage (n), igalaji, amagalaji.
garden (n), ingadi, izingadi; isivande, izivande; isihlaza, izihlaza.
gargle (v), xubha umphimbo; hahaza.
garnishee order (n), incwadi yokuthumba iholo.
gas (n), igesi, amagesi.
gasp (v), befuzela.
gastric juice (n), ujengezi lwasesiswini.
gate (n), isango, amasango.
gather (v), butha; qoqa.
gathering (n), umbuthano, imibuthano; umhlangano, imihlangano.
gaze (v), njoloza.
gelding (n), inkabi yehashi.
gender (n), ubulili.
generous (a), -nomusa; -phanayo.
gently (adv), kancane; kahle; kamnene.
germ (n), imbewu yokufa (disease).
germination (n), ukuqhuma kwembewu.
get (v), thola.
ghastly (a), -shaqisayo.
ghost (n), isipoki, izipoki.
gibe (v), klolodela.
giddiness (n), isizunguzane; Inzululwane.
giddy (a), -nenzululwane.
gift (n), isipho, izipho.
gifted (a), -nesipho.

giggle (v), gigitheka.
gimlet (n), ibhola, amabhola.
giraffe (n), indlulamithi, izindlulamithi.
girdle (n), isixhama, izixhama; isibhamba, izibhamba.
girl (n), intombazana, amantombazana; intombi, izintombi.
gist (n), indikimba.
give (v), pha; nika.
gizzard (n), ingila, izingila; ingingila, izingingila.
glad (a), -enamile; -thokozile.
gladiolus (n), isidwa, izidwa.
glamorous (a), -khangayo.
glance (v), -thi klabe.
gland (n), indlala, izindlala.
glass (n), ingilazi, izingilazi.
gleam (n), ukubenyezela; ukukhazimula.
glide (v), shishiliza; ntweza.
glimmer (v), bhazimula; bazimula.
glitter (v), cwebezela, khazimula.
glow (v), kloloba.
glue (n), ingcino, izingcino.
glutton (n), isiminzi, iziminzi; isidlakudla, izidlakudla.
gnash (v), gedla.
gnaw (v), ququda.
go (v), hamba.
goat (n), imbuzi, izimbuzi.
god (n), isithixo, izithixo.
God (n), uNkulunkulu.
goitre (n), isibhoko, izibhoko; isibaba.
gold (n), igolide.
gone (v), -hambile.
good (a), -hle.
good-bye (a), sala kahle (to one remaining); hamba kahle (to one going).
goods (n), impahla, izimpahla.
goose (n), ihansi, amahansi.
gooseberry (n), ugqumgqumu, ogqumgqumu.

gossip (n), iphoshophosho, amaphoshophosho (person); ihemuhemu, amahemuhemu.

govern (v), busa.

government (n), uhulumeni, ohulumeni.

gradually (adv), -yangokuya; kancane kancane.

graft (v), xhumelela; hlumelela.

graft (n), isihlumelo, izihlumelo.

grammar (n), uhlelo, izinhlelo.

granadilla (n), uganandela, oganandela.

granary (n), inqolobane, izinqolobane.

grandchild (n), umzukulu, abazukulu.

grandfather (n), ubabamkhulu, obabamkhulu.

grape (n), igilebhisi, amagilebhisi.

grasp (v), bamba.

grass (n), utshani.

grasshopper (n), intethe, izintethe.

grate (v), khuhluza.

gratitude (n), ukubonga; umbongo.

grave (n), ingcwaba, amangcwaba; iliba, amaliba; ithuna, amathuna.

gravel (n), uhlalwane; ugedle, izingedle.

gravy (n), umhluzi; isobho.

grease (n), amafutha.

great (a), -khulu.

greedy (a), -phangayo; -hahayo.

green (a), -luhlaza.

greet (v), bingelela.

grey (a), -ngwevu.

grief (n), usizi, izinsizi.

grievance (n), isikhalo, izikhalo.

grime (n), insila, izinsila.

grin (v), sineka.

grind (v), gaya.

gripe (v), sucula.

groan (v), gquma; bubula.

groin (n), imbilapho, izimbilapho.

groove (n), isisele, izisele; umsele, imisele.

grope (v), dukuza.

ground (n), inhlabathi; umhlabathi (soil); idlelo, amadlelo (grazing); igceke, amagceke (open space); isisusa; isizathu (e.g. grounds for action).

ground (grind) (v), -gayiwe.

group (n), iviyo, amaviyo.

grove (trees) (n), isixhobo, izixhobo.

grow (v), mila; thuthuka; khula.

growl (v), bhavumula; hahama.

grudge (n), igqubu, amagqubu.

gruff (a), -bhodlayo.

grumble (v), vungama; khononda.

guard (v), linda; alusa.

guard (n), umlimdi, abalindi; umalusi, abelusi.

guardian (n), umondli, abondli.

guess (v), qagela.

guest (n), isihambeli, izihambeli.

guide (v), eluleka; khapha.

guilt (n), icala.

guilty (found) (v), ukulahlwa yicala.

guilty (found not) (v), ukuvunywa yicala; ukuthethwa yicala.

guilty (plead) (v), ukuzilahla ngecala; ukuvuma icala.

guilty (plead not) (v), ukungazilahli ngecala; ukuphika icala.

guinea fowl (n), impangele, izimpangele.

guitar (n), isigingci, izigingci.

gullet (n), umminzo, imiminzo.

gum (n), inhlaka; insini, izinsini (mouth).

gun (n), isibhamu, izibhamu.

gunpowder (n), umsizi wesibhamu.

gut (n), ithumbu, amathumbu (intestine).

gutter (n), umsele wamanzi, imisele yamanzi.

H

habit (n), inkambiso, izinkambiso; injwayelo, izinjwayelo; isiga, iziga.
habitual (a), -jwayelekileyo.
haemorrhage (n), umopho.
haemorrhoids (n), umzoko, imizoko.
haft (n), umphini, imiphini.
hailstone (n), itshe lesichotho; amatshe esichotho.
hailstorm (n), isichotho.
hair (n), unwele, izinwele (human); uboya, iziboya (animal).
hair-ball (n), isikhatha, izikhatha.
hairy (a), -hwanqa.
half (n), ingxenye yesibili; izingxenye zesibili; iqhezu lesibili.
half-crown (n), umfagolweni, omfagolweni.
half-penny (n), isitebele, izitebele.
hall (n), iholo, amaholo.
halt (v), -ma.
halve (v), ahlukanisa kabili.
hammer (n), isando, izando.
hammer-kop (n), uthekwane, othekwane.
hand (n), isandla, izandla.
handcuff (n), uzankosi, ozankosi.
handkerchief (n), iduku, amaduku.
handle (v), phatha; thinta.
handle (n), umphini, imiphini (as for hoe); isibambo, izibambo.
handsome (a), -bukekayo.
handwork (n), umsebenzi wezandla.
handwriting (n), isandla, izandla.
hang (v), phanyeka.
happen (v), enzeka.
happening (n), isehlakalo, izehlakalo.
happiness (n), injabulo, izinjabulo.
happy (a), -eneme; -enamileyo.
harbour (n), itheku lezikebhe, amatheku ezikebhe.
hard (a), -lukhuni; -qatha.
hardship (n), inkathazo, izinkathazo; uhlupho, izinhlupho.
hare (n), umvundla, imivundla.

hare-lip (n), inhlewuka, izinhlewuka.
harem (n), isigodlo, izigodlo.
hark (v), lalela.
harlot (n), isifebe, izifebe.
harm (n), ingozi, izingozi.
harm (v), enza kabi; limaza.
harmful (a), -limazayo.
harmless (a). -ngenangozi.
harmony (n), ukuvumelana; uku zwana.
harness (n), amahanisi.
harness (v), bophela.
harrow (v), hala.
harrow (n), ihala, amahala; isibhuqo, izibhuqo.
harshly (adv), -ngolunya.
harvest (v), vuna.
harvest (n), okuvuniweyo; umvuno, imivuno; isivuno, izivuno.
hasten (v), shesha; phuthuma; sheshisa.
hasty (a), -ngamawala.
hat (n), isigqoko, izigqoko.
hate (v), zonda; enyanya.
hateful (a), -enyanyekayo.
hatred (n), inzondo.
haughty (a). -qhoshayo; -zazisayo.
hawk (n), uklebe, oklebe.
haze (n), ufasimbe.
he (prn), yena.
head (n), ikhanda, amakhanda; inhloko, izinhloko.
headache (n), ikhanda; ngiphethwe yikhanda (I have a headache).
heading (n), isihloko, izihloko.
headland (n), inhlonhlo, izinhlonhlo.
headman (n), induna, izinduna; umnumzana, abanumzana.
heal (v), phola; sindisa.
health (n), impilo, izimpilo.
healthy (a), -philileyo.
heap (n), inqwaba, izinqwaba.
heap (v), nqwabela.

hear (v), zwa.
hearsay (n), inzwabethi.
heart (n), inhliziyo, izinhliziyo.
heart-beat (n), ukushaya kwenhliziyo.
heartburn (n), isilungulela.
heart-shaped (a), -sanhliziyo; iqabunga elisanhliziyo (a heart-shaped leaf).
hearth (n), iziko, amaziko.
heat (n), ukushisa.
heathen (n), iqaba, amaqaba.
heaven (n), ezulwini; izulu.
heavy (a), -sindayo; -nzima.
hedge (n), uthango, izintango.
heed (v), naka; qaphela.
heel (n), isithende, izithende.
heifer (n), isithole, izithole.
height (n), ubude; ubude nqo (perpendicular).
heir (n), indlalifa, izindlalifa.
hell (n), isihogo, izihogo.
help (v), siza; sekela.
helpful (a), -sizayo; -nokusiza.
hem (n), umphetho, imiphetho.
hen (n), isikhukhukazi, izikhukhukazi.
her (prn), yena; yona.
herb (n), umfino, imifino; ikhambi, amakhambi (medicinal).
herbalist (n), inyanga yamakhambi, izinyanga zamakhambi.
herd (n), umhlambi, imihlambi.
herd (v), alusa.
herd-boy (n), umalusi, abelusi.
here (adv), lapha.
hereafter (adv), emuva kwalokhu; ngesikhathi esizayo; kwelizayo (after death).
heredity (n), ufuzo.
heritage (n), ifa, amafa.
hernia (n), isibhumu, izibhumu; umbhumu, imibhumu (umbilical).
hero (n), iqhawe, amaqhawe.
heron (n), indwandwe, izindwandwe.
hesitate (v), zindela; ngabaza.

hiccough (n), ithwabi.
hidden (a), -fihliweyo.
hide (n), isikhumba, izikhumba.
hide (v), fihla; thukusa; casha (oneself).
high (a), -phakemeyo.
highveld (n), inkangala, izinkangala.
hill (n), intaba, izintaba; igquma, amagquma.
hillock (n), igqunyana, amagqunyana.
hillside (n), iqele, amaqele.
hinder (v), thiya, vimbela.
hindrance (n), isithiyo, izithiyo.
hinge (n), ingibe, izingibe.
hip (n), incele, izincele.
hip-bone (n), inqulu, izinqulu.
hippopotamus (n), imvubu, izimvubu.
hire (v), qasha.
hiss (v), khisila.
history (n), umlando, imilando; izindabazezwe.
hit (v), shaya; betha.
hoarse (a), -shileyo; izwi elishileyo (a hoarse voice).
hobble (v), xhuga.
hoe (n), igeja, amageja; ikhuba, amakhuba.
hog (n), ingulube, izingulube.
hold (v), bamba.
hole (n), umgodi, imigodi.
holiday (n), iholide, amaholide.
hollow (a), -ligobongo.
holy (a), -ngcwele.
home (n), ikhaya, amakhaya.
hone (v), lola.
honest (a), -qotho; -thembekileyo.
honesty (n), ubuqotho.
honey (n), izinyosi; uju lwezinyosi.
honeycomb (n), ikhekheba lezinyosi, amakhekheba ezinyosi.
honour (n), udumo; inhlonipho.
hoodwink (v), mbumbuluza.
hoof (n), inselo, izinselo; isondo, amasondo (also hoof print).

hook (n), ihuku, amahuku; udobo, izindobo (fish).
hooliganism (n), indlovuyangena; ubugcwelegcwele.
hop (v), thontela.
hope (n), ithemba, amathemba.
horizon (n), impelamehlo, izimpelamehlo; umkhathizwe, imikhathizwe.
horn (n), uphondo, izimpondo.
hornet (n), umuvi, imivi.
horse (n), ihashi, amahashi; injomane, izinjomane.
horseshoe (n), isipolo sehashi; izipolo zehashi.
hose (n), ithumbu lokunisela, amathumbu okunisela.
hospital (n), isibhedlela, izibhedlela.
host (n), usokhaya, osokhaya; umondli, abondli.
hot (a), -shisayo.
hotel (n), ihotela, amahotela.
Hottentot (n), iLawu, amaLawu.
hour (n), ihora, amahora, iawa, amaawa.
house (n), indlu, izindlu.
housebreaker (n), umgqekezi, abagqekezi.
householder (n), umninindlu, abaninizindlu.

hovel (n), ifuku, amafuku.
how (adv), kanjani.
howl (v), hlaba umkhulungwane.
human (n), umuntu, abantu.
human (a), -buntu.
humane (a), -nomhawu.
humble (a), -thobile.
humid (a), -swakemeyo.
humiliate (v), dumaza; phoxa.
humility (n), intobeko.
humus (n), ivundela; ihumasi.
hunchback (n), isifumbu, izifumbu.
hundred (num), ikhulu, amakhulu.
hunger (n), ukulamba; indlala.
hungry (a), -lambileyo.
hunt (v), zingela.
hunter (n), umzingeli, abazingeli.
hurricane (n), isiphepho, iziphepho.
hurry (v), phangisa; khawuleza.
hurt (v), limaza.
husband (n), umyeni, abayeni.
husk (n), ikhoba, amakhoba; ihlube, amahlube.
hyaena (n), impisi, izimpisi.
hymn (n), iculo, amaculo; ihubo, amahubo.
hypocrite (n), umzenzisi, abazenzisi.
hysterics (n), ihabiya.

I

ice (n), amakhazà; iqhwa.
idea (n), umcabango, imicabango.
ideal (n), inhloso ephakeme, izinhloso eziphakeme.
identify (v), khomba.
idiocy (n), ubulima.
idiom (n), isimo sokukhuluma; izimo zokukhuluma.
idiot (n), isilima, izilima.
idle (a), -vilaphayo; -lovayo.
idol (n), isithixo, izithixo.
if (conj), uma.

ignite (v), okhela.
ignorance (n), ukungazi.
ignore (v), -nganaki; -duba.
iguana (n), uxamu, oxamu.
ill (a), -gulayo.
illegal (a), -phambene nomthetho.
illegitimate (a), -livezandlebe; -mlanjwana.
illegitimate child (n), umlanjwana, imilanjwana; ivezandlebe, amavezandlebe.
ill-mannered (a), -ngenasizotha.

illness (n), isifo, izifo; ukugula.
ill-treat (v), phatha kabi; hlupha.
illuminate (v), khanyisa.
illustrate (v), chaza ngezibonakaliso.
image (n), isithombe, izithombe, isifanekiso, izifanekiso.
imagine (v), ngabaza; cabanga.
imbecile (n), isilima, izilima.
imitate (v), lingisa; fanisa.
immerse (v), cwilisa.
immodest (a), -ngenazinhloni.
immoral (a), -onakeleyo; -ngenasimilo.
immune (a), -gomekileyo.
immunise (v), goma.
impatient (a), -ngabekezeliyo; -ngenasineke.
impede (v), thiya; libalisa.
impediment (n), isibambezelo, izibambezelo; imbambezela.
imperfect (a), -ngaphelele.
impertinence (n), ukweyisa.
impetuous (a), -namawala.
impolite (a), -ngahloniphi.
important (a), -phakeme; -nzima; -semqoka; -balulekile.
imports (n), ezohwebo ezingenayo.
impoverish (v), phofisa.
improper (a), -ngafaneleyo.
improve (v), enza kubengcono; lulama (in health).
in (prep), phakathi kwa-.
inanimate (a), -ngenampilo; -ngezwayo.
inattentive (a), -ngalaleliyo; -ngaqapheliyo.
inaudible (a), -ngezwakali.
inborn (a), -segazini.
inch (n), iyintshi, amayintshi.
incise (v), zawula; gcaba.
income (n), ingeniso, izingeniso.
incomplete (a), -ngaphelele.
incorrect (a), -ngalungile.
increase (v), khula; thuthuka; anda.
increase (n), ukwanda; ukukhula.

increment (n), isithuthukiso, izithuthukiso; isengezo, izengezo.
incubate (v), fukamela; chamusela.
incurable (a), -ngenakwelashwa.
indeed (adv), isibili.
indefatigable (a), -ngakhathaliyo.
independent (a), -zimeleyo.
Indian (n), iNdiya, amaNdiya.
indigenous (a), -mvelo; -mdabu.
indigestion (n), ukuqumba.
indolent (a), -vilaphayo.
industrious (a), -khutheleyo.
infancy (n), ubungane.
infant (n), umntwana, abantwana; ingane, izingane.
infect (v), thela ngokufa; sulela ngokufa.
infectious (a), -thathelwanayo.
inflamed (a), okubhibhayo; okudumbile; okuvuvukele.
inflate (v), futha.
influence (n), ithonya, amathonya.
influenza (n), imfuluyenza; umkhuhlane, imikhuhlane.
influx control (n), ukuvimbela ukuthutheleka.
informer (n), umcebi, abacebi; umcebisi, abacebisi; impimpi, izimpimpi.
infuriate (v), thukuthelisa.
ingratitude (n), ukungabongi; ukungabi nambongo.
inhalent (n), umhogelo, imihogelo; isihogelo, izihogelo.
inherit (v), dla ifa.
inheritance (n), ifa, amafa.
inject (v), jova; hlaba.
injection (n), umjovo, imijovo; uhlabo, izinhlabo; umhlabo, imihlabo.
injure (v), limaza.
injury (n), ingozi, izingozi.
ink (n), uyinki, oyinki.
inland (adv), phakathi nezwe.
innocent (a), -ngenacala; -msulwa.
inoculate (v), jova; hlaba.
inoculation (n), umjovo, imijovo uhlabo, izinhlabo.

inquire (v), buza; hlola.
inquisitive (a), -nenhlazane.
insane (a), -hlanyayo.
insanitary (a), -ngenampilo; -ngcolile.
insanity (n), ukuhlanya; ukusangana.
insect (n), isilokazane, izilokazane; isinambuzane, izinambuzane.
inside (adv), phakathi.
insist (v), gcizelela; qinisa.
insolence (n), ukweyisa.
insomnia (n), ukuqwasha.
inspan (v), bophela.
inspect (v), hlola.
inspector (n), umhloli, abahloli.
instantly (adv), khona manje; ngokuphazima kwehlo; khona manjalo.
instep (n), amathe onyawo.
instinct (n), isazela semvelo, izazela zemvelo.
instruct (v), fundisa.
insubordination (n), indelelo.
insult (v), thuka.
integrity (n), ubuqotho.
intelligent (a), -khaliphileyo; -hlakaniphileyo; -lolekileyo.
intend (v), hlosa; qonda.
intentional (a), -sibomu.
intercede (v), ncengela; khulumela.
interest (n), isihe; iwozawoza; inzuzo, izinzuzo (profit); inzalo, izinzalo (money).

interior (n), indawo yangaphakathi, izindawo zangaphakathi.
intermarry (v), thathana; ganiselana.
internal (a), -ngaphakathi.
interpret (v), humusha.
interpreter (n), umhumushi, abahumushi.
interrogate (v), buzisisa.
interrupt (v), thikameza; nquma ulimi.
interval (n), umkhathi, imikhathi.
intestine (n), ithumbu, amathumbu.
intoxicate (v), daka.
introduce (v), ngenisa; bika; ethula.
invade (v), hlasela.
invalid (n), isiguli, iziguli.
invent (v), qamba.
investigate (v), phenya; hlola.
invisible (a), -sithekileyo.
invitation (n), isimemo, izimemo.
invite (v), mema.
iron (n), insimbi, izinsimbi.
iron (v), shisa izingubo.
iron ore (n), umkhando wensimbi.
ironwood (n), umsimbithi, imisimbithi.
irony (n), umbhuqo.
irrigate (v), nisela ngenkasa (furrow); nisela.
island (n), isiqhingi, iziqhingi.
issue (v), phuma.
it (pron), yona, khona, sona, etc.
itch (v), luma; nwaya.

J

jackal (n), impungushe, izimpungushe.
jacket (n), ibhantshi, amabhantshi.
jail (n), ijele, amajele.
jam (n), ujamu, ojamu.
jaw (n), umhlathi, imihlathi.
jealous (a), -nomona.
jealousy (n), umona; umhawu.
jeer (v), klolodela; kloloda.

jelly (n), intikintiki, izintikintiki ujeli, ojeli.
jeopardise (v), sondeza engozini.
jerk (v), dlukuza.
jersey (n), ijezi, amajezi.
jest (v), tekula.
jest (n), ihlaya, amahlaya; umgilo, imigilo; uteku, izinteku.
Jesus (n), uJesu.

jigger-flea (n), itekenya, amatekenya.

jingle (v), khehleza.

join (v), hlanganisa.

joint (n), lapho kuhlangana khona amathambo; isitho, izitho (of meat).

joke (v), tekula, ncokola.

joke (n), ihlaya, amahlaya; incoko, amancoko.

journey (n), uhambo, izinkambo.

joy (n), injabulo, izinjabulo.

judge (v), thetha; ahlulela.

judge (v), ijaji, amajaji; umahluli, abahluli.

judgment (n), isigwebo, izigwebo; isahlulelo, izahlulelo.

jug (n), ujeke, ojeke.

jugular vein (n), umthovothi, imithovothi.

jump (v), eqa; xhuma (of buck); gxuma.

jungle (n), igxa, amagxa; ihlathi, amahlathi.

jury (n), ijuri, amajuri.

just (a), -qotho; -lungileyo.

justice (n), ukuhamba ngomthetho; ukwenza-ngomthetho; ukulunga.

K

kafir beer (n), utshwala, amatshwala.

kafir-boom (n), umsinsi, imisinsi.

kafir-corn (n), ibele, amabele.

keep (v), londoloza; londa.

kennel (n), indlu yenja, izindlu zezinja.

kerrie (n), isagila, izagila; iwisa, amawisa.

kestrel (n), umathebeni, omathebeni.

kettle (n), igedlela, amagedlela; iketela, amaketela.

key (n), ukhiye, okhiye; isihluthulelo, izihluthulelo.

khakibos (n), insangwana, izinsangwana.

kick (v), khaba; khahlela.

kid (n), izinyane, amazinyane.

kidnap (v), thumba.

kidney (n), inso, izinso.

kill (v), bulala.

kin (n), umndeni.

kind (a), -nomusa.

kindle (v), phemba; okhela; basa.

kindness (n), umusa.

king (n), inkosi, amakhosi; ukhingi, okhingi (overseas).

kingdom (n), umbuso wenkosi.

kingfisher (n), unongozolo, onongozolo.

kinsman (n), owomndeni, abomndeni.

kiss (v), qabula.

kitchen (n), ikhishi, amakhishi.

kitten (n), izinyane lekati, amazinyane ekati.

kloof (n), isihosha, izihosha; umhosha, imihosha.

knead (v), dovadova; xova.

knee (n), idolo, amadolo.

kneecap (n), ivi, amavi.

knee-halter (v), qhobosha.

kneel (v), guqa.

knife (n), ummese, imimese.

knit (v), nitha.

knock (v), ngqongqoza.

knot (n), ifindo, amafindo; isihibe, izihibe.

know (v), azi.

knowledge (n), ukwazi; ulwazi.

knuckle (n), iqupha, amaqupha.

koodoo (n), umgankla, imigankla.

kopje (n), igqunyana, amagqunyana.

kraal (n), umuzi, imizi; isibaya, izibaya (animal).

L

labour (v), sebenza; zama.
labour (n), umsebenzi, imisebenzi; umzamo, imizamo.
labourer (n), isisebenzi, izisebenzi.
lacerate (v), klebhula.
lack (v), swela; ntula.
lad (n), umfana, abafana.
ladder (n), iladi, amaladi; isikhwelo, izikhwelo; isitebhisi, izitebhisi.
laden (a), -thweleyo.
ladle (n), isiphako, iziphako; isixwembe, izixwembe.
lady (n), inkosikazi, amakhosikazi.
ladybird (n), umanqulwana, omanqulwana.
lag (v), donda; salela emuva.
lagoon (n), umncebe, imincebe; ichweba, amachweba.
lair (n), isikhundla, izikhundla.
lake (n), ichweba, amachweba; ichibi elikhulu, amachibi amakhulu.
lamb (n), izinyane lemvu, amazinyane emvu.
lame (a), -qhugayo.
lament (v), lila.
lament (n), isililo, izililo.
lamp (n), ilambu, amalambu; isibani, izibani.
land (n), umhlaba, imihlaba; izwe, amazwe.
landlord (n), umninizwe, abaninizwe; umninindlu, abaninizindlu.
language (n), ulimi, izilimi.
lantern (n), isiketekete, iziketekete.
lapwing (n), ititihoye, amatitihoye.
lard (n), amafutha engulube.
large (a), -khulu.
larva (n), isibungu, izibungu.
larynx (n), igilo, amagilo; umphimbo, imiphimbo.
lash (v), khwixa.
lasting (a), -ngapheliyo; -hlalayo.
late (a), -phuzileyo; -libele.
latex (n), amasi esithombo.

laugh (v), hleka; gigitheka.
laughter (n), uhleko, insini.
lavatory (n), ibhoshi, amabhoshi; indlu yokusithela, izindlu zokusithela; indlu yangasese, izindlu zangasese.
law (n), umthetho, imithetho; isimiso, izimiso.
lawful (a), -semthethweni.
lawn (n), ibala longwengwe, amabala ongwengwe.
lawyer (n), ummeli, abameli.
laxative (n), umuthi ohambisayo, imithi ehambisayo; umuthi wokuhlambulula, imithi yokuhlambulula.
lay (v), lalisa; beka; zala (eggs).
laziness (n), ubuvila.
lazy (a), -yivila; -vilaphayo.
lead (v), hola; donsa.
lead (n), umthofu.
leader (n), umholi, abaholi.
leaf (n), iqabunga, amaqabunga.
leaf stalk (n), ingono yeqabunga; izingono zamaqabunga.
leak (v), vuza.
lean (v), encika.
leap (v), eqa; gxuma.
leap year (n), unyakande, iminyakande; unyaka obhansayo, iminyaka ebhansayo.
learn (v), funda.
lease (v), qasha.
leather (n), isikhumba esishukiweyo, izikhumba ezishukiweyo.
leave (v), shiya; yeka.
ledge (n), unqenqema, izinqenqema.
left (a), -bunxele; -sekhohlo; -yinxele.
leg (n), umlenze, imilenze.
legally (adv), -ngokomthetho.
lemon (n), ulamula, amalamula.
lend (v), bolekela; tsheleka; boleka
length (n), ubude.
leopard (n), ingwe, izingwe.

leper (n), ilephero, amalephero; onochoko, abanochoko.

leprosy (n), uchoko; ubulephero.

less (a), ngaphansi kwa-.

lesson (n), isifundo, izifundo.

lest (conj), hleze.

let (v), vumela.

letter (n), incwadi, izincwadi; uhla-mvu, izinhlamvu (alphabet); uso-nhlamvukazi, osonhlamvukazi (capital letter).

level (a), -lingeneyo; -lelekileyo.

lewd (a), -nesigweba; -nenhlamba.

liar (n), umuntu onamanga; abantu abanamanga.

liberate (v), khulula.

liberty (n), inkululeko; amalungelo okuzenzela.

library (n), iqoqo lamabhuku, ama-qoqo amabhuku.

lice (n), intwala, izintwala.

licence (n), ilayisense, amalayisense; imvumelo, izimvumelo.

lick (v), khotha.

lid (n), isizibekelo, izizibekelo; isidi-kiselo, izidikiselo; isivalo, izivalo.

lie (v), qamba amanga (tell a lie); lala, cambalala.

lie (n), amanga.

life (n), ukuphila; ukuzwa; inkambo (life story).

life history (n), inguqunguquko yempilo (biological); izinguqungu-quko zempilo.

lift (v), fukula; phakamisa.

ligament (n), umsipha, imisipha.

light (v), okhela; thungela; khanyisa.

light (n), ukukhanya.

light house (n), isibani solwandle, izibani zolwandle.

lightning (n), umbani; izulu.

like (v), thanda; azisa.

likeable (a), thandekayo.

lily (n), umnduze, iminduze.

limb (n), isitho, izitho.

lime (n), umcako, imicako.

limewash (v), caka.

limp (v), xhuga.

line (n), umudwa, imidwa.

lion (n), ibhubesi, amabhubesi; ingo-nyama, izingonyama.

lip (n), udebe, izindebe.

liquid (n), ulweli, -manzi.

liquor (n), ugologo, ogologo.

lisp (v), shwashwaza.

listen (v), lalela.

literature (a), imibhalo.

little (a), -ncane.

live (v), phila; zwa.

liver (n), isibindi, izibindi.

lizard (n), isibankwa, izibankwa.

load (v), layisha; thwalisa.

load (n), umthwalo, imithwalo.

loaf (n), isinkwa, izinkwa.

loathe (v), enyanya.

location (n), ilokishi, amalokishi (urban); isabelo, izabelo.

lock (v), khiya; hluthulela.

locust (n), isikhonyane (swarm lo-cust); idiye, amadiye.

locust bird (n), unogolantethe, ono-golantethe.

lodge appeal (v), ukudlulisa icala.

lodger (n), umqashi, abaqashi.

log (n), ugodo, izingodo.

loins (n), amanyonga.

loin-cloth (n), umutsha, imitsha.

loiter (v), zulazula; libala.

loneliness (n), isizungu.

long (v), langazela.

long (a), -de.

look (v), bheka.

loop (v), hibela; hiba.

loosen (v), thukulula; xegisa.

loot (v), phanga; khwathaza.

lose (v), lahlekelwa.

loud (a), -nomsindo.

louse (n), intwala, izintwala.

lovable (a), -thandekayo.

love (v), thanda.

lover (n), isithandwa, izithandwa; isoka, amasoka (male).

low (v), khalima.
low (a), -phansi.
lower (v), ehlisa.
low veld (n), ihlanze, amahlanze.
loyal (a), -thembekileyo; -qotho.
luck (n), inhlanhla, izinhlanhla.
lucky (a), -nokhanda; -nenhlanhla.
lukewarm (a), -buthukuthuku; -luvivi.

lull (v), duduza; thulisa.
lullaby (n), umlolozelo, imilolozelo.
lumbar region (n), iqolo, amaqolo; idanda, amadanda.
lump (n), isigaxa, izigaxa.
lunatic (n), uhlanya, izinhlanya.
lung (n), iphaphu, amaphaphu.
lure (v), yenga.
lute (n), umtshingo, imitshingo.

M

machine (n), umshini, imishini.
mad (a), -ngasile; -luhlanya.
madness (n), ubuhlanya.
maggot (n), impethu, izimpethu.
magic (n), umlingo, imilingo; ilumbo, amalumbo.
magistrate (n), imantshi, izimantshi.
magnet (n), uzibuthe, ozibuthe.
magnetism (n), ubuzibuthe.
maiden (n), intombazana, amantombazana; itshitshi, amatshitshi.
maim (v), limaza.
maintenance (n), isondlo, izondlo.
maize (n), ummbila.
make (v), enza; akha.
malaria (n), uqhuqho.
male (a), -esilisa; -enduna (animal).
malice (n), isibhongo, izibhongo; inzondo.
malt (n), imithombo.
maltreat (v), khathaza; hlupha.
mammal (n), isilwane esincelisayo; izilwane ezincelisayo.
man (n), indoda, amadoda; umuntu, abantu.
mane (n), umhlwenga, imihlwenga.
mange (n), utwayi; ukhwekhwe, izinkwekhwe.
manger (n), umkhombe, imikhombe.
manhood (n), ubudoda.
manly (a), -nobudoda.
mantis (n), isithwalambiza, izithwalambiza.
manure (n), umquba.

many (a), -ningi.
map (n), ibalazwe, amabalazwe; imephu, izimephu.
mare (n), imeli, izimeli.
margin (n), icala, amacala; usebe, izinsebe.
mark (v), bhadeka; phawula.
mark (n), isici, izici; uphawu, izimpawu.
market (n), imakethe, izimakethe.
marriage (n), ukugana; umgcagco, imigcagco; umshado, imishado.
marrow (n), umnkantsha, iminkantsha (of bones); ugalonci, ogalonci.
marry (v), thatha; enda; gana; shada.
marsh (n), ixhaphozi, amaxhaphozi; ubhuku, izimbuku.
marvellous (a), -mangalisayo.
masculine (a), -silisa; -ndoda (human only); -nkunzi.
mason (n), umeselane, omeselane.
massacre (v), ukuceka.
massage (v), hlikihla.
master (n), ubasi, obasi; umnumzane, abanumzane; umnikazi, abanikazi (owner).
masticate (v), hlafuna.
mat (n), umata, omata; icansi, amacansi (rush).
match (v), qhathanisa; qhatha.
match (n), umentshisi, omentshisi (safety); umncintiswano, iminci ntiswano.

matter (n), ubovu (sore); indaba, izindaba.
mattress (n), umatilasi, omatilasi.
mature (a), -khulileyo; -vuthiweyo.
maul (v), shikashika, dlikidlikiza.
maximum (n), ubukhulu bokugcina.
maybe (adv), kumbe.
mayor (n), umengameli wedolobha, abengameli bamadolobha.
me (pron), mina.
meal (n), impuphu; ukudla (food).
mean (a), -ncishanayo.
meaning (n), umqondo, imiqondo; ingqondo, izingqondo; incazelo, izincazelo.
measles (n), isimungumungwane.
measure (v), linganisa.
measure (n), isilinganiso, izilinganiso.
neat (n), inyama, izinyama.
nechanic (n), umakhenikhi, omakhenikhi.
medal (n), imendlela, izimendlela.
medical certificate (n), isetifikethi sikadokotela, izetifikethi zikadokotela.
medicine (n), umuthi wokwelapha, imithi yokwelapha.
meditate (v), dlinza; zindla.
meek (a), -thobileyo.
meercat (n), ububhibhi.
meet (v), hlangana; bonana.
meeting (n), ukuhlangana; umhlangano, imihlangano.
melon (n), ikhabe, amakhabe; ibhece, amabhece.
melt (v), ncibilika.
member (n), ilunga, amalunga.
membrane (n), uthwethwesi, izintwethwesi; untwentwesi, izintwentwesi.
memorial (n), isikhumbuzo, izikhumbuzo.
mend (v), khanda; lungisa; ciciyela (clothes).
menses (n), iqako, ifindo.
merciful (a), -nobubele; -nomhawu.

mercury (n), isigidi.
mercy (n), ububele.
mess (n), isibhixi, izibhixi.
message (n), umbiko, imibiko.
messenger (n), umbiki, ababiki; isigijimi, izigijimi.
metal (n), okusansimbi.
metamorphosis (n), inguqukompilo, izinguqukompilo.
method (n), indlela yokwenza; izindlela zokwenza.
microscope (n), isibonakhulu, izibonakhulu.
midday (n), imini, izimini; imini bebade; izimini bebade.
midnight (n), phakathi kwamabili; kwesikabhadakazi.
midwife (n), umbelethisi, ababelethisi.
migrate (v), thutha; fuduka; emuka.
migration (n), imfuduko, izimfuduko; ukwemukela kwelinye izwe.
migratory (a), -zithuthelayo; -fudukayo; -emukelayo.
mild (a), -mnene; -pholileyo.
mildew (n), isikhunta.
mile (n), imayela, amamayela.
milk (n), ubisi.
milk-pail (n), ithunga, amathunga.
millipede (n), ishongololo, amashongololo.
million (n), isigidi, izigidi.
mimic (v), fanisa; lingisa.
mimosa (n), umunga, iminga; umtholo, imitholo.
mind (n), ingqondo, izingqondo.
mine (pron), -mi.
mine (n), imayini, izimayini; umgodi wamalahle; imigodi yamalahle (coal).
minimum (n), ubuncane bokugcina.
minister (n), umfundisi, abafundisi (religious); umphathiswa, abaphathiswa (government).
minute (n), iminithi, amaminithi; umzuzu, imizuzu.

minute (a), -ncinyane.

miracle (n), isimangaliso, izimanga-liso.

mirror (n), isibuko, izibuko.

misbehave (v), ganga; -ziphatha kabi.

miscellaneous (a), -ingxubevange.

mischievous (a), -gangileyo.

miser (n), iqonqela, amaqonqela.

misery (n), usizi, izinsizi.

misfortune (n), isenzakalo, izenza-kalo; umswazi.

mislead (v), dukisa; lutha.

miss (v), phutha; geja.

missionary (n), umfundisi othunyi-weyo, abafundisi abathunyiweyo.

mist (n), inkungu, izinkungu; umlala-mvubu.

mistake (v), phosisa.

mistake (n), isiphosiso, iziphosiso; iphutha, amaphutha.

misunderstand (v), -ngaqondi kahle.

mix (v), xuba; thaka.

mixture (n), inhlanganisela, izinhla-ganisela; ingxube, izingxube.

moan (v), bubula; gquma.

mock (v), kloloda.

modest (a), -zithobayo.

mohair (n), uboya bembuzi.

moist (a), -swakeme.

moisten (v), swakamisa.

moisture (n), umswakama.

molar (n), izinyo lomhlathi, amazinyo omhlathi.

mole (n), ivukuzi, amavukuzi (animal); imvukuzane, izimvukuzane (animal); umkhangu, imikhangu (on skin).

moment (n), umzuzu, imizuzu.

Monday (n), uMsombuluko.

money (n), imali, izimali.

monkey (n), inkawu, izinkawu.

monkey-nut (n), intongomane, ama-ntongomane.

month (n), inyanga, izinyanga.

January (n), uJanuwari, uNhlo-lanja.

February (n), uFebruwari, uNdasa.

March (n), uMashi, uMbasa.

April (n), uAprili, uNhlaba.

May (n), uMeyi, uNhlangulana.

June (n), uJuni, uNtulikazi.

July (n), uJulayi, uNcwaba.

August (n), uAgasti, uMandulo.

September (n), uSeptemba, uMfu-mfu.

October (n), uOkthoba, uLwezi.

November (n), uNovemba, uZi-bandlela.

December (n), uDisemba, uMasi-ngana.

N.B. The Zulu names of the months given here represent periods which correspond only approximately with the international months. The names in Zulu originally represented lunar months.

monocotyledon (n), ungcezunye, ongcezunye.

monument (n), itshe lesikhumbuzo, amatshe esikhumbuzo.

moon (n), inyanga, izinyanga.

moonlight (n), unyezi.

more (a), -ningi; -okweqileyo.

morgen (n), imogani, amamogan..

morning (n), ekuseni.

morning star (n), ikhwezi.

morrow (n), ingomuso; ikusasa.

Moslem (n), iSulumani, amaSulu-mani.

mosquito (n), umiyane, omiyane.

moth (n), ibhu, amabhu.

mother (n), umame, omame; unyo-ko, onyoko (your); unina, onina (his/her/their).

mother-in-law (n), umamezala, oma-mezala (bride); umkhwekazi, aba-khwekazi (bridegroom).

motive (n), isisusa, izisusa; imbango, izimbango.

motor (n), imoto, izimoto.

mould (n), isikhunta, izikhunta.

mould (v), bumba.
moult (v), ebuza; hluba.
mount (v), khwela.
mountain (n), intaba, izintaba; intabakazi, izintabakazi.
mourn (v), lila; khala.
mouse (n), impuku, izimpuku; igundwane, amagundwane.
mouse-bird (n), indlazi, izindlazi.
moustache (n), amadevu.
mouth (n), umlomo, imilomo; isizalo, izizalo (river).
mouthful (n), umthamo, imithamo.
mouth organ (n), imfiliji, izimfiliji.
move (v), thutha (house), susa; sunduza.
mucus (n), amafinyila (nose).
mud (n), udaka.
mule (n), umnyuzi, iminyuzi.
multiply (v), phindaphinda (arithmetic); andisa.

multitude (n), isixuku esikhulu, izixuku ezikhulu.
mumps (n), uzagiga.
murder (v), ukubulala umuntu ngamabomu.
murder (n), icala lokubulala umuntu ngamabomu, amacala okubulala abantu ngamabomu.
murmur (v), vungama.
muscle (n), umsipha, imisipha.
muscle cramp (n), amajaqamba.
mushroom (n), ikhowe, amakhowe (large); inkowane, izinkowane.
mute (a), -thulileyo.
mute (n), isimungulu, izimungulu.
mutilate (v), cwiya.
mutter (v), hlokoma; vungama.
mutton (n), inyama yemvu.
muzzle (n), isimfonyo, izimfonyo.
my (a), -mi.
myself (pron), mina.
mysterious (a), -yinkinga.

N

naartjie (n), inantshi, amanantshi.
nagana (n), unakane.
nail (n), uzipho, izinzipho; isipikili, izipikili (carpenter's).
naked (a), -nqunu; -ze.
name (v), qamba igama; etha igama.
name (n), igama, amagama; ibizo, amabizo.
narrate (v), landa; xoxa.
narrow (a), -ncane.
nasal (a), -ekhala; -empumulo.
nasty (a), -bi.
nation (n), isizwe, izizwe.
native (n), owokuzalwa, abokuzalwa.
Native Commissioner (n), UNdabazabantu, oNdabazabantu.
Native Reserve (n), umandla wabantu; isabelo, izabelo.
Native Trust (n), iTrasti.
natural (a), -yemvelo.

nature (n), imvelo; isimilo, izimilo (human).
naughty (a), -gangileyo.
nausea (n), isicanucanu, izicanucanu.
nauseate (v), canula.
navel (n), inkaba, izinkaba.
near (adv), eduze.
nearly (adv), cishe.
neat (a), -nobunono.
necessary (a), -dingekile; -swelekile.
necessity (n), indingeko; inswelakalo.
neck (n), intamo, izintamo; umqala, imiqala.
necklace (n), umgaxo, imigaxo, umgexo, imigexo.
necktie (n), uthayi, othayi.
nectar (n), umpe.
need (n), ukuntula; ukuswela.
needle (n), inalithi, izinalithi; usungulo, izinsungulo.
neglect (n), ukunganaki.

negligent (a), ukuphatha dedengu.
neighbour (n), umakhelwane, abakhelwane, omakhelwane.
nephew (n), umshana, abashana.
nerve (n), umuzwa, imizwa.
nervousness (n), itwetwe.
nest (n), isidleke, izidleke.
nettle (n), imbabazane, izimbabazane.
never (adv), nanini.
new (a), -sha.
newcomer (n), isifiki, izifiki.
newly (adv), kabusha.
news (n), izindaba.
newspaper (n), iphephandaba, amaphephandaba.
next (a), -landelayo.
nice (a), -hle; -mnandi.
niece (n), umshanakazi, abashanakazi.
night (n), ubusuku.
night-adder (n), inhlangwane, izinhlangwane.
nightmare (n), iphupho, amaphupho.
night-watchman (n), ugqayinyanga, ogqayinyanga; umantshingelana, omantshingelana.
nine (num), isishiyagalolunye, izishiyagalolunye.
nineteen (num), ishumi nesishiyagalolunye.
ninety (num), amashumi ayisishiyagalolunye.
nipple (n), ingono, izingono.
nod (v), nqekuza.

noise (n), umsindo, imisindo.
nonentity (n), umfokazana, abafokazana.
nonsense (n), umbhedo, imibhedo.
noon (n), imini, izimini; emini bebade.
noose (n), isihibe, izihibe.
nor (conj), noma.
north (n), inyakatho.
nose (n), impumulo, izimpumulo; ikhala, amakhala.
nose bleeding (n), umongozima, umongoziya.
nostril (n), ikhala, amakhala.
nothing (n), ize.
notice (n), isimemezelo, izimemezelo; inothisi (of resignation).
notify (v), bikela; azisa.
notoriety (n), igama elibi.
noun (n), ibizo, amabizo.
now (adv), manje.
nude (a), -ze; -nqunu.
nuisance (n), inkathazo, izinkathazo.
numb (a), -ndikindiki.
number (n), inani, amanani; inamba, izinamba.
nun (n), isisitela, amasisitela, indela yesifazane, izindela zesifazane.
nurse (n), unesi, onesi, amanesi; umongi, abongi.
nursemaid (n), umzanyana, abazanyana.

O

oar (n), isigwedlo, izigwedlo.
oats (n), ifolishi.
oath (n), isifungo, izifungo.
obedience (n), ukulalela.
obedient (a), -lalelayo.
obey (v), lalela.
object (v), ala; nqaba; phika.
objectionable (a), -nengayo; -nengekayo.
obligation (n), isibopho, izibopho; isidingeko, izidingeko.

obliterate (v), sula; hlikihla.
obscene (a), -bhinayo; -nechilo; -hlambalazayo.
obscure (a), -sithekile.
observant (a), -qaphileyo -qaphelisayo.
observe (v), bheka; qaphela.
obstacle (n), isibambezelo, izibambezelo; isithiyo, izithiyo.
obstinacy (n), inkani, izinkani.
obstruct (v), thiya; vimba.

obtain (v), zuza; thola.
obvious (a), -sobala; qavile.
occiput (n), isiphundu, iziphundu.
occur (v), enzeka; ehlakala.
ocean (n), ulwandlekazi, izilwandle-kazi.
odd (a), -ngalingene; -dwa nje.
odorous (a), -nephunga; -nukayo.
oesophagus (n), umminzo, imiminzo.
of (prep), ba-, lwa-, sa-, za-, etc.
offence (n), isinengiso, izinengiso; icala, amacala.
offend (v), nenga, cunula.
offering (n), umnikelo, iminikelo.
office (n), ihovisi, amahovisi; isikhundla, izikhundla.
off-load (v), ethula.
often (adv), kaningi; futhifuthi.
oil (n), uoyili, o-oyili; amafutha.
old (a), -dala; -gugileyo.
omen (n), ibika, amabika.
omit (v), shiya; phutha.
once (adv), kanye.
one (n), -nye.
onion (n), uanyanisi, oanyanisi.
onlooker (n), isibukeli, izibukeli.
only (a), -dwa.
onward (adv), phambili.
ooze (v), mfoma; bhicika.
open (v), vula.
open (a), -vuliweyo.
openly (adv), ngokusobala.
operate (v), hlinza.
operation (n), ukuhlinzwa.
opinion (n), umbono, imibono.
opportunity (n), ithuba, amathuba; ilungelo, amalungelo.
oppose (v), phikisa; phikisana na-.
oppress (v), cindezela; hlupha.
opulence (n), umcebo, imicebo; ukunotha.
orange (n), iwolintshi, amawolintshi.
order (v), layeza; thuma.
ordinary (a), -vamileyo.
organ (n), ugubhu, izingubhu (musical instrument).

organise (v), hlela ngesu.
origin (n), umdabu.
ornament (n), umhlobiso, imihlobiso.
orphan (n), intandane, izintandane.
orphanage (n), indlu yezintandane, izindlu zezintandane.
ostracism (n), ubandlululo.
ostrich (n), intshe, izintshe.
other (a), -nye.
otherwise (adv), ngokunye.
ounce (n), iawunsi, ama-awunsi.
our (a), -ethu.
ourselves (pron), thina.
out (adv), phandle.
outbreak (n), ukuqubuka.
outcome (n), isiphetho; isigcino.
outcry (n), isibhelu, izibhelu.
outside (adv), ngaphandle.
outspan (n), isikhumulo, izikhumulo.
outspan (v), khumula.
outstrip (v), dlula; shiya.
ovary (n), isizalo, izizalo.
oven (n), uhovini, ohovini.
overcast (a), -sithibeleyo; -guqubeleyo.
overcoat (n), ijazi, amajazi.
overcome (v), ahlula.
overcrowd (v), minyanisa; gxusha.
overflow (v), chichima.
overgrown (a), -enileyo.
overpower (v), nqoba.
overseas (adv), phesheya.
overshadow (v), engama.
overstock (v), ukufuya ngokweqe idlelo.
overstrain (v), -khandla, -khandleka.
overtake (v), fica.
overthrow (v), chitha; ahlula.
owe (v), kweleta.
owl (n), isikhova, izikhova.
own (a), wami, yami, lami, etc.
owner (n), umnini, abanini.
ox (n), inkabi, izinkabi.
oyster (n), ukhwathu, izinkwathu.

P

pacify (v), thulisa; xolisa.
pack (v), bopha; gxusha.
paddle (n), isigwedlo, izigwedlo.
paddock (n), inkambu, izinkambu; idlelo, amadlelo; enkanjini (in the paddock).
padlock (n), ingide, izingide.
pagan (n), umhedeni, abahedeni.
page (n), ikhasi, amakhasi.
pail (n), ibhakede, amabhakede.
pain (n), ubuhlungu; isibhobo, izibhobo.
paint (v), penda; bheca.
paint (n), upende, opende.
palace (n), indlu yobukhosi, izindlu zobukhosi.
palate (n), ulwanga, izilwanga (mouth).
pale (a), -phaphathekileyo.
palm (n), isundu, amasundu; ilala, amalala; intende yesandla, izintende zezandla (hand).
palm-wine (n), ubusulu.
palsy (n), idumbe.
pan (n), ipani, amapani; indishi, izindishi.
pancreas (n), amanyikwe.
pane (n), iwindi, amawindi; ingilazi yefasitele, izingilazi zefasitele.
panic (n), ingebhe; uvalo.
pant (v), befuzela; khefuzela.
pantry (n), iphandolo, amaphandolo; ithala, amathala.
paper (n), iphepha, amaphepha.
parable (n), umfanekiso, imifanekiso; umzekeliso, imizekeliso.
paraffin (n), uphalafini, ophalafini.
paralysis (n), umthwebulo.
paramount (a), -kumqoka.
paramount chief (n), ingonyama izingonyama.
paramour (n), isixebe, izixebe ishende, amashende.

parcel (n), iphasela, amaphasela umshuqulu, imishuqulu.
parch (v), hangula.
pardon (v), xolela; thethelela.
pardon (n), intethelelo; uthethelelo.
parent (n), umzali, abazali.
park (n), indawo evulekile enemithi, izindawo ezivulekile ezinemithi; ipaki, amapaki.
parliament (n), iphalamende.
parsimony (n), ukuncishana.
parson (n), umfundisi, abafundisi, abefundisi.
part (n), inxenye, izinxenye.
particular (a), -khethiweyo; -thile.
parting (n), ukwahlukana.
partridge (n), ithendele, amathendele.
party (n), inhlangano, izinhlangano; iviyo, amaviyo (soldiers); iqembu amaqembu (political); udwendwe, izindwendwe (marriage); idili, amadili (feast); amatshwala (beer).
pass (n), isikhala, izikhala; intuba, izintuba; ipasi, amapasi (permit).
pass (v), dlula; phumelela (as an exam.).
past (a), -dlulileyo.
paste (n), inhlama, izinhlama.
pasture (n), idlelo, amadlelo.
pat (v), bhambatha.
patch (n), isiziba, iziziba.
patch (v), ciciyela; bekela.
path (n), indlela, izindlela.
patience (n), ukubekezela; isineke.
patient (a), -bekezelayo, -nesineke.
patient (n), isiguli, iziguli.
pattern (n), isifanelo, izifanelo, umlinganiso, imilinganiso.
paunch (n), umkhaba, imikhaba.
pauper (n), umfokazana, abafokazana; uphanqu, ophanqu.
paw (n), isidladla, izidladla.
papaw (n), upopo, opopo.

pavement (n), isitubhi, izitubhi.
pay (v), holela, khokha.
payee (n), oholelwayo, abaholelwayo.
payer (n), oholelayo, abaholelayo.
payment (n), inkokhelo, izinkokhelo.
pea (n), uphizi, ophizi.
peace (n), ukuthula; uxolo.
peach (n), ipetshisi, amapetshisi.
peak (n), isiqongo, iziqongo.
peck (v), ngcofoza.
peculiar (a), -yinqaba.
pedigree (n), uhlobo olubhaliweyo.
peel (v), cwecwa; hluba.
peep (v), lunguza.
peg (n), isikhonkwane, izikhonkwane.
pelvis (n), unkimfi, onkimfi.
pen (n), ipeni, amapeni; isibayana, izibayana (for animals).
penalty (n), isijeziso, izijeziso.
pencil (n), ipensele, amapensele.
penetrate (v), shiqela; ngena.
penis (n), umthondo, imithondo.
peninsular (n), inhlonhlo yezwe, izinhlonhlo zezwe; isasiqhingi, izasiqhingi.
penitence (n), ukuzisola.
penknife (n), igotshwa, amagotshwa.
penny (n), indibilishi, izindibilishi.
pension (n), impesheni, izimpesheni; umhlalaphansi, imihlalaphansi.
people (n), abantu; isizwe, izizwe.
pepper (n), upelepele, opelepele.
per cent. (a), ekhulwini; phesenti.
perch (v), thontela.
percolate (v), -chinineka.
perennial (a), -nyakanyaka.
perforate (v), bhobosa; chambusa.
perfume (v), qhola.
perfume (n), amakha.
perhaps (adv), mhlawumbe.
peril (n), ingozi, izingozi.
perimeter (n), umjikelezo, imijikelezo.
perish (v), bhubha; bola (rot).
perjure (v), fungela amanga.
perjury (n), ukufungela amanga.

permanganate of potash (n), umanyazini.
permission (n), imvume, izimvume.
permit (v), vuma; vumela.
permit (n), incwadi yemvume, izincwadi zemvume; iphomede, amaphomede (permit for removing cattle).
perpetual (a), -nganqamukiyo; -ngapheliyo.
persevere (v), phikelela; qinisela.
person (n), umuntu, abantu.
personal hygiene (n), inhlanzeko yomzimba.
perspiration (n), umjuluko; izithukuthuku.
perspire (v), juluka.
persuade (v), nxusa.
perturb (v), ethusa.
pester (v), hlupha; khathaza.
pestilence (n), umqedazwe, imiqedazwe.
petal (n), igcebe lembali, amagcebe embali.
petrol (n), uphethroli.
petticoat (n), ipitikoti, amapitikoti.
pharynx (n), umphimbo, imiphimbo.
phenomenon (n), isenzekalo, izenzekalo; isigameko, izigameko.
phlegm (n), isikhwehlela, izikhwehlela.
photograph (n), ifotho, amafotho; isithombe, izithombe.
phrase (n), umusho ongaphelele, imisho engaphelele.
physique (n), isimo somzimba; izimo zomzimba.
piano (n), upiyane, amapiyane.
pick (n), ipiki, amapiki.
pick (v), ikha; khetha (choose); mba (dig).
pickpocket (n), umkhuthuzi, abakhuthuzi.
picture (n), umfanekiso, imifanekiso; isithombe, izithombe.
piece (n), isiqephu, iziqephu.

pierce (v), hlaba, bhoboza.
pig (n), ingulube, izingulube.
pigeon (n), ijuba, amajuba.
pile (v), nqwabela.
pile (n), inqwaba, izinqwaba.
pill (n), iphilisi, amaphilisi.
pillow (v), camela.
pillow (n), umcamelo, imicamelo.
pimple (n), ishashaza, amashashaza; induna, izinduna.
pin (n), isipenetu, izipenetu; ukhanjana, okhanjana.
pinafore (n), ifasikoti, amafasikoti; iphinifo, amaphinifo.
pinch (v), ncinza; ncweba.
pineapple (n), uphayinaphu, ophayinaphu.
pint (n), iphayinti, amaphayinti.
pip (n), inhlamvu, izinhlamvu.
pipe (n), ipipi, amapipi (smoking); ipayipi, amapayipi.
pit (n), umgodi, imigodi.
pitchfork (n), imfologo yotshani, izimfologo zotshani.
pith (n), umongo.
pity (n), umhawu; isihe.
place (n), isikhundla, izikhundla; indawo, izindawo.
place (v), beka.
plague (n), ubhubhane, obhubhane; isishayo, izishayo (biblical).
plaintiff (n), ummangaleli, abamangaleli; ummangali, abamangali.
plait (v), aluka; qhina (hair on head).
plan (n), ipulani, amapulani; icebo, amacebo.
plank (n), ipulangwe, amapulangwe.
plant (n), isithombo, izithombo.
plant (v), tshala.
plantain (n), ukhova, okhova.
platana (n), isinana, izinana.
plate (n), isitsha, izitsha; ipuleti, amapuleti.
play (v), dlala.
play (n), umdlalo, imidlalo.
plead (v), khulumela; ncengela.

please (v), jabulisa; thokozisa.
pleasure (n), injabulo, izinjabulo.
pledge (n), isibambiso, izibambiso.
plentiful (a), -yinala.
pleurisy (n), isibhobo, izibhobo; amangwe.
pliers (n), udlawu, izindlawu.
plot (n), indima, izindima (garden); ugobe, uzungu.
plough (n), igeja, amageja.
plough (n), lima.
pluck (v), hlutha; qhutha.
plumage (a), izimpaphe.
pneumonia (n), inyumoniya.
pocket (n), iphakethe, amaphakethe; isikhwama, izikhwama.
pock-mark (n), imfologo, amafologo.
pod (n), umdumba, imidumba; intwethwe, izintwethwe (dry).
poem (n), inkondlo, izinkondlo.
point (n), isihloko, izihloko; iqhuzu, amaqhuzu.
pointed (a), -cijile.
poison (n), ubuthi; isihlungu, izihlungu (snake).
poison glands (n), izindlala zesihlungu.
pole (n), isibonda, izibonda; isigxobo, izigxobo.
polecat (n), iqaqa, amaqaqa.
policeman (n), iphoyisa, amaphoyisa; unongqayi, onongqayi (mounted).
polish (v), phucula; esula.
polite (a), -nesizotha; -zithobayo.
political (a), -zombuso; zepolitiki.
pollen (n), impova.
pollinate (v), thuthela impova; qhola.
poll-tax (n), ukhandampondwe.
polygamist (n), onesithembu, abanezithembu.
polygamy (n), isithembu.
pond (n), ichibi, amachibi.
ponder (v), cabanga; dlinza.
pool (n), isiziba, iziziba.
poor (a), -mpofu.

Pope (n), uPhapha, oPhapha.
poplar (n), ubhalphini, obhalphini; ubhabhulini, obhabhulini.
population (n), inani labemi; isibalo sabantu abakhileyo.
porcupine (n), ingungumbane, izingungumbane.
pork (n), inyama yengulube.
porridge (n), iphalishi, amaphalishi.
portion (n), inxenye, izinxenye; isiqhephu, iziqhephu.
possible (a), -nokwenziwa; -nzeka.
post (n), iposi, amaposi (mail); isigxobo, izigxobo; isibonda, izibonda.
postage stamp (n), isitembu, izitembu.
postal order (n), iposoda, amaposoda.
post-bag (n), isikhwama seposi, izikhwama zeposi.
posterior (n), isinqe, izinqe (buttocks); umuva.
posterity (n), izizukulwane ezizayo.
postman (n), unoposi, onoposi.
post-office (n), iposi; eposini.
postpone (v), hlehlisa.
pot (n), ibhodwe, amabhodwe; imbiza, izimbiza.
potato (n), izambane, amazambane (round); ubhatata, obhatata(sweet).
potsherd (n), udengezi, izindengezi.
poultice (v), thoba.
pound (n), iphawundi, amaphawundi (weight); umpondo, ompondo (money).
pour (v), thela.
pout (v), phukula.
poverty (n), ubumpofu.
power (n), amandla; isikhwepha, izikhwepha.
praise (v), babaza; tusa.
praise-name (n), isithopho, izithopho.
praiseworthy (a), -tusekayo.
pray (v), thandaza; khuleka.

prayer (n), umthandazo, imithandazo; umkhuleko, imikhuleko.
preach (v), shumayela.
precede (v), andulela.
precipice (n), iwa, amawa; isiwa, iziwa.
precipitous (a), -mangelengele; -yisikhelekehle.
predict (v), bikezela.
preface (n), isanduleliso, izanduleliso.
prefer (v), khetha; qoma.
pregnant (a), -mithiyo; -nesisu.
premonition (n), ivuso, amavuso.
prepare (v), lungisa.
present (v), veza; bika.
prescribe (v), misa; nquma.
prescribed (a), -misiweyo; -nqunyiweyo.
preserve (v), londoloza; gcina.
preside (v), engamela.
president (n), umongameli, omongameli, abongameli.
press (v), cindezela; khama (wring out).
prestige (n), isithunzi, izithunzi.
presume (v), -zicabangela; -cabangela.
pretence (n), ukuzenzisa.
pretend (v), -zenzisa.
pretext (n), izaba; ibhaxa, amabhaxa.
pretty (a), -hle; -bukekayo.
prevent (v), vimbela, nqanda.
price (n), intengo, izintengo.
prick (v), hlaba.
prickly-pear (n), isihlehle, izihlehle.
pride (n), ukuziqhenya; ukuzidla.
priest (n), umpristi, abapristi.
primitive (a), -asendulo.
primus stove (n), iphrayimasi, amaphrayimasi; isitofu esifuthwayo, izitofu ezifuthwayo.
prince (n), inkosana yohlanga, amakhosana ohlanga.
princess (n), inkosazana yohlanga, amakhosazana ohlanga.

principal (n), uthishanhloko, othishanhloko (school); unozala, onozala (money).

principle (n), umgomo, imigomo.

print (v), cindezela.

prison (n), ijele, amajele.

prisoner (n), isiboshwa, iziboshwa; ibanjwa, amabanjwa.

privately (adv), ngasese.

prize (n), umklomelo, imiklomelo.

problem (n), intikantika, izintikantika; inkanankana, izinkanankana.

procedure (n), indlela yenqubo; izindlela zenqubo.

proceed (v), qhubeka.

procure (v), zuza; thola.

prod (v), dlokodla.

profit (n), inzuzo, izinzuzo; inzalo, izinzalo.

profitable (a), -nenzuzo; -sizayo.

progeny (n), usapho; inzalo.

programme (n), iphrogramu, amaphrogramu.

progress (n), inqubekela-phambili.

progress (v), thuthuka; qhubekela phambili.

prohibit (v), nqabela; alela.

prolong (v), elula; dephisa.

prominent (a), -qhamileyo; -dumileyo.

promise (v), thembisa.

promise (n), isithembiso, izithembiso.

promote (v), thuthukisa; khuphula.

promotion (n), ukukhushulwa.

prong (n), ibhaxa, amabhaxa.

pronoun (n), isabizwana, izabizwana.

pronounce (v), -sho; phimisa.

pronunciation (n), ukuphinyiswagama.

proof (n), ubufakazi.

proper (a), -faneleyo; -yikho.

prophesy (n), isibikezelo izibikezelo.

prophet (n), umprofethi, abaprofethi.

proposal (n), isiphakamiso, iziphakamiso.

propose (v), phakamisa (in a meeting).

prosecute (v), beka icala enkantolo.

prosecutor (n), umshushisi, abashushisi.

prosper (v), chuma; thuthuka.

prostitute (n), isifebe, izifebe.

prostitution (n), ubufebe.

protect (v), vikela; londa.

proud (a), -zidlayo; -ziqhenyayo.

proverb (n), isaga, izaga.

provoke (v), qala, cunula.

psalm (n), isihlabelelo, izihlabelelo.

puberty (n), isikhathi sokuthomba.

public (n), uwonkewonke.

public (a), -wonkewonke.

puerile (a), -kobungane.

puff-adder (n), ibululu, amabululu.

pull (v), donsa; hudula.

pullet (n), isikhukhukazana, izikhu khukazana.

pulse (n), ukugquma kwemithambo.

pump (v), futha.

pump (n), isifutho, izifutho.

pumpkin (n), ithanga, amathanga; iphuzi, amaphuzi.

pumpkin pip (n), uthanga, izintanga; uphuzi, izimpuzi.

punch (v), shaya ngenqindi; shaya ngesibhakela.

puncture (v), bhoboza; chambuza.

pungent (a), -shwaqayo.

punish (v), jezisa.

pup (n), umwundlu, imiwundlu.

pupil (n), umfundi, abafundi; inhlamvu yeso, izinhlamvu zamehlo (eye).

purchase (v), thenga.

pure-bred (a), -yohlobo.

purgative (n), umuthi wokuhambisa, imithi yokuhambisa.

purge (v), hlambulula.

purify (v), hlanza; cwenga.

purpose (n), injongo, izinjongo; inhloso, izinhloso.
purse (n), isikhwama semali, izikhwama zemali.
pursue (v), landela; xosha.
pus (n), ubovu.
push (v), sunduza.
put (v), beka; faka.

putrid (a), -bolile; -vundile.
puzzle (n), inkinga, izinkinga; indida, izindida.
puzzle (v), phica; dida.
pygmy (n), isichwe, izichwe.
pyjamas (n), iphijama, amaphijama.
python (n), inhlwathi, izinhlwathi; umonya, izimonya.

Q

quagmire (n), ubhuku, izimbuku; ubishi, izimbishi.
quail (n), isigwaca, izigwaca.
quaint (a), -yinqaba.
quake (v), zamazama; qhaqhazela (person).
qualified (a), -nelungelo.
quality (n), isimo, izimo; ukuba njani.
quarrel (n), ukuxabana; ingxabano, izingxabano.
quarrelsome (a), -nochuku.
quart (n), ikwati, amakwati.
quarter (n), iqhezu lesine, amaqhezu esine (fraction), ikwata, amakwata.
quarter-evil (n), unqasha.
queen (n), indlovukazi, izindlovukazi; ukhwini, okhwini (overseas).

queen-ant (n), unomthebe, onomthebe; uqumbu, oqumbu.
queer (a), -yinqaba.
queen's evidence (n), ukufakazela uHulumeni.
quell (v), nqoba.
quench (v), qeda; cima.
question (v), buza.
question (n), umbuzo, imibuzo.
quick (a), -sheshayo.
quickly (adv), masinya.
quiet (a), -thulileyo.
quill (n), usiba, izinsiba.
quilt (n), ikhwilithi, amakhwilithi.
quince (n), ukwipili, okwipili.
quite (adv), ngempela; impela.
quote (v), phinda amazwi; tapha.

R

rabbit (n), unogwaja, onogwaja.
race (n), umjaho, imijaho; isizwe, izizwe (people); uhlanga (people).
race (v), jaha.
race-horse (n), ihashi lomjaho, amahashi omjaho.
radiator (n), into yokupholisa imoto, izinto zokupholisa izimoto; irediyetha, amarediyetha.
radicle (n), umsuka wempande; imisuka yezimpande.
radio (n), iwayalense, owayalense; irediyo, amarediyo.
radish (n), uredishi, amaredishi.

raft (n), isihlenga, izihlenga.
rafter (n), umshayo, imishayo.
rag (n), isidwedwe, izidwedwe.
rage (n), isibhongo, izibhongo: ulaka.
ragged (a), -manikiniki.
raid (v), hlasela.
railroad (n), ujantshi wesitimela, ojantshi besitimela.
rain (n), imvula, izimvula; umvimbi, imivimbi (heavy).
rain (v), -na.
rainbow (n), uthingo lwenkosikazi, izintingo zenkosikazi; uthingo lwenkosazana, izintingo zenkosazana.

raindrop (n), ithonsi, amathonsi.
rain-gauge (n), isilinganiso semvula, izilinganiso zemvula.
raise (v), vusa.
raised (a), -phakemeyo.
rake (n), ihala, amahala.
rake (v), hala; khukhula.
ram (n), inqama, izinqama.
ram (v), hlohla; gxisha.
ramshackle (a), -khehlezelayo.
rancour (n), inzondo.
rand (n), irandi, amarandi.
rape (v), dlwengula.
rapid (a), -sheshisayo.
rare (a), -ngandile; -ngavamile.
rash (n), umqubuko, imiqubuko; ukuqubuka.
rashness (n), ubuphoxo.
rasp (v), gudluza.
rasp (n), isigudlo, izigudlo.
rat (n), igundane, amagundane.
ration (n), umkhangezo, imikhangezo; isamukeliso, izamukeliso.
ravage (v), phanga.
rave (v), bheva.
ravine (n), isihosha, izihosha.
raw (a), -ngavuthiwe; -luhlaza.
razor (n), impuco, izimpuco.
reach (v), finyelela.
read (v), funda.
ready (a), -lungileyo.
really (adv), isibili; impela.
reap (v), vuna.
rear (n), umuva.
reason (n), isizathu, izizathu; isisusa, izisusa.
rebel (v), hlubuka; ambuka.
rebel (n), imbuka, amambuka.
rebellion (n), ubumbuka.
rebuke (v), sola; thethisa.
recant (v), hoxa.
recede (v), hlehla.
receipt (n), irisidi, amarisidi.
receive (v), amukela.
recite (v), -sho ngekhanda; landa.
reckon (v), bala.

recline (v), cambalala.
recognise (v), vuma; khumbula; bona.
recollect (v), khumbula.
recommend (v), ncoma; tusa.
record (v), bhala.
records (n), imilandu.
recount (v), landa; zeka.
recovery (n), ukusinda; ukululama.
rectangle (n), unxande, onxande, izinxande.
rectum (n), umdidi, imididi; ididi, amadidi; umtshazo, imitshazo.
recumbent (a), -cambaleleyo.
red (a), -bomvu.
redeem (v), aphula; hlenga.
redemption (n), ukuhlengwa; insindiso; usindiso.
reduce (v), nciphisa; phungula.
redwater (n), umbendeni; ubhosiki.
reed (n), umhlanga, imihlanga.
reef knot (n), ifindo lemfene, amafindo emfene.
reek (v), nuka; thaphuka.
refinement (n), isizotha, izizotha.
reflex (n), okuzenzekalelayo (action).
refrigeration (n), ukuqandisisa.
refrigerator (n), ifriji, amafriji.
refuge (n), isiphephelo, iziphephelo.
refund (v), buyisela.
refuse (v), enqaba; ala.
refuse (n), izibi; imfucumfucu, izimfucumfucu.
refute (v), phikisa.
regiment (n), ibutho, amabutho.
region (n), isifunda, izifunda.
regional authority (a), umkhandlu wesifunda, imikhandlu yezifunda.
register (n), irejista, amarejista.
regret (v), dabukela (be sorry for); dabuka.
regulation (n), isimiso, izimiso; isimiselo, izimiselo.
reign (v), busa; phatha izwe.
rein (n), itomu, amatomu.
reject (v) lahla; dikila.

rejoice (v), thokoza; jabula.
relate (v), balisa; landa; zeka.
release (v), khulula; khumula.
reliable (a), -qotho; -thembekileyo.
relieve (v), phumuza; bambela.
religion (n), ukholo, izinkolo; inkolo, izinkolo.
reluctant (a), -enqenileyo.
rely (v), ethemba; enqika.
remain (v), sala; hlala.
remainder (n), okuseleyo; insalela, izinsalela.
remember (v), khumbula.
remind (v), khumbuza.
reminder (n), isikhumbuzo, izi-khumbuzo.
remote (a), -kude.
remove (v), susa, gudlula.
renounce (a), ala; phika; dela.
renown (n), udumo; isithunzi, izi-thunzi.
rent (v), qasha.
rent (n), irente; intela.
repair (v), lungisa.
repeat (v), phinda; -sho futhi.
repent (v), dabuka; phenduka.
replete (a), -suthi.
reply (v), phendula
reply (n), impendulo, izimpendulo.
report (n), umbiko, imibiko.
report (v), bika.
reproach (v), sola; thethisa.
repulsive (a), -casulayo.
request (v), nxusa; cela.
request (n), isicelo, izicelo.
rescue (v), hlenga; sindisa.
resemble (v), fuza; fana.
reserve (n), isabelo, izabelo (Native).
residence (n), indlu, izindlu; umuzi, imizi; ikhaya, amakhaya.
residue (n), insalela, izinsalela; inzika, izinzika.
resist (v), zabalaza, nqaba.
resolution (n), isinqumo, izinqumo; isivumo seningi, izivumo zeningi.
respect (n), ukuhlonipha.

respect (v), hlonipha.
respiration (n), ukuphefumula.
respond (v), sabela; phendula.
rest (n), ukuphumula; ikhefu, ama-khefu.
restitution of conjugal rights (n), ukubuyelana endlini.
restless (a), -yaluzayo.
restore (v), buyisa.
restrain (v), bamba.
result (n), umphumela, imiphumela.
retaliate (v), phindisa; phindisela.
retard (v), libazisa.
retire (v), hlehla; nyiba.
retreat (v), hlehlela nyova; buyela emuva; hlehla.
return (v), buya; phindela.
reveal (v), bonisa; veza.
revenge (v), phindisela.
revile (v), chapha; thuka.
revise (v), hlela.
revive (v), vusa; sangulula.
revolt (v), dlubulunda; ambuka.
revolver (n), ivolovolo, amavolovolo.
reward (n), umvuzo, imivuzo.
rhetoric (n), ubunyoninco bokukhu-luma.
rheumatic (a), -nofehlane.
rheumatism (n), ufehlane; iruma-thizimu; ikhunkulo.
rhinoceros (n), ubhejane, obhejane.
rhyme (n), uvumelwano-sigcino.
rib (n), ubambo, izimbambo.
rice (n), ilayisi; irayisi.
rich (a), -cebileyo; -nothileyo.
riches (n), umcebo, imicebo.
riddle (n), indida, izindida; isiphico, iziphico.
ride (v), gibela; khwela.
ridge (n), umhlandla, imihlandla; umqengqe, imiqengqe.
ridicule (n), ukugcona; insini, izi-nsini.
rifle (n), umagazini, omagazini.
right (a), -lungileyo; -yiyo.

right hand (n), isandla sokudla, izandla zokudla; isandla sokunene, izandla zokunene.

rinderpest (n), ulandapense.

ring (v), khalisa; ncenceza; shaya insimbi (ring bells).

ring (n), isongo, amasongo; isiyingi, iziyingi; indandatho, izindandatho (finger).

ringhals (n), uphempethwane, ophempethwane.

ringworm (n), umbandamu, imibandamu.

rinse (v), hlambulula.

riot (n), isidumo, izidumo.

ripe (a), -vuthiweyo.

rise (v), sukuma (stand up); khuphuka; phakama.

risk (n), ingozi, izingozi.

rival (n), imbangi, izimbangi.

river (n), umfula, imifula.

road (n), umgwaqo, imigwaqo.

road safety (n), ukuphepha emgwaqweni.

roam (v), zula; ndinda.

roar (v), bhonga; bhavumula.

roast (v), osa; gazinga.

rob (v), eba; phanga; khuthuza.

robber (n), umphangi, abaphangi; isigebengu, izigebengu; umkhuthuzi, abakhuthuzi.

rock (n), itshe, amatshe; idwala, amadwala.

rock-rabbit (n), imbila, izimbila.

roll (v), gingqa; ela.

roof (n), uphahla, izimpahla.

room (n), indawo, izindawo; ikamelo, amakamelo (in house).

root (n), impande, izimpande; ingxabo, izingxabo; umsuka, imisuka (tooth).

rope (n), indophi, izindophi.

rot (v), bola; vunda.

rotten (a), -bolileyo; -vundileyo.

rough (a), -maholo; -zingelengele (country).

roughage (a), umhadlahadliso, imihadlahadliso.

round (a), -yindilinga.

row (n), umsindo, imisindo; uhla, izinhla (line).

row (v), gwedla.

rub (v), hlikihla.

rubber (n), irabha, amarabha; injoloba, izinjoloba.

rubbish (n), izibi; imfucumfucu, izimfucumfucu.

rubbish-heap (n), izala, amazala.

rude (a), -chwensayo; -ngahloniphiyo.

ruffian (n), ishinga, amashinga; isixhwanguxhwangu, izixhwanguxhwangu.

rule (n), umthetho, imithetho; isimiso, izimiso; isiqondiso, iziqondiso.

ruminant (a), -etshisayo.

ruminate (v), etshisa.

rumour (n), ihemuhemu, amahemu hemu.

run (n), gijima; subatha.

rupture (v), gqobhoka.

rural (a), -maphandleni.

rural area (n), emaphandleni.

rush (n), incema, izincema.

rust (v), thomba; gqwala.

rustle (v), khwahlaza; hashaza.

rusty (a), -thombileyo.

S

sack (n), isaka, amasaka.

sacred (a), -yingcwele.

sacrifice (n), umhlabelo, imihlabelo.

sad (a), -lusizi; -dabukileyo.

saddle (n), isihlalo, izihlalo.

sadness (n), usizi; ukudabuka.

safe (a), -ngenangozi.
safety (n), ukulondeka.
sail (n), useyili, oseyili.
saint (n) umuntu oyingcwele, abantu abayingcwele.
salary (n), iholo, amaholo.
sale (n), indali, izindali.
saliva (n), amathe.
salt (n), usawoti, osawoti.
salutation (n), isibingelelo, izibingelelo.
salute (v), bingelela.
salvation (n), usindiso.
same (a), -njalo; -fanayo.
samp (n) isitambu.
sample (n), isampula, amasampula.
sanctuary (n), isiphephelo, iziphephelo.
sand (n), isihlabathi, izihlabathi.
sandstone (n), ichoba, amachoba.
sane (a), -sile.
sap (n), inkovu.
sapling (n), iklume, amaklume.
sarcasm (n), umbhinqo, imibhinqo; umbhuqo, imibhuqo.
Satan (n), uSathane, oSathane.
satisfy (v), gculisa; anelisa.
Saturday (n), uMgqibelo, iMigqibelo.
saucepan (n), ibhodwe, amabhodwe; isosipani, amasosipani.
sausage (n), isositshi, amasositshi.
save (v), sindisa; onga (possessions).
saviour (n), umsindisi, abasindisi.
saw (n), isaha, amasaha.
say (v), -thi; -sho.
scab (n), ukhokho, izinkokho.
scald (v), yobula; bonyula.
scale (n), isikali, izikali; isentela, amasentela (snake, etc.)
scalp (n), isikhumba sekhanda, izikhumba zamakhanda.
scandal (n), ihlazo, amahlazo.
scapula (n), isiphanga, iziphanga.
scar (n), isibanda, izibanda; inkambabeyibuza, izinkambabezibuza.

scarce (a), -ntulekile; -ntulekayo; -yindlala.
scare (v), ethusa.
scarlet (a), -bomvu klebhu.
scatter (v), hlakazeka; sabalala.
scene (n), inkundla, izinkundla.
scent (n), usi; iphunga, amaphunga.
scheme (n), isu, amasu; icebo, amacebo.
school (n), isikole, izikole.
school (nursery) (n), isikole senkuliso, izikole zenkuliso.
schoolmaster (n), uthisha, othisha; umfundisi, abafundisi.
schoolmistress (n), uthishelakazi, othishelakazi; umfundisikazi, abafundisikazi.
scissors (n), isikele, izikele.
scold (v), thetha.
scoop (v), caphuna; kipilita.
scorch (v), shisa; hangula.
scorn (v), klolodela.
scorpion (n), ufezela, ofezela.
scoundrel (n), isichwensi, izichwensi.
scour (v), khuhla.
scout (n), ivulandlela, amavulandlela.
scowl (v), hwaqabala.
scramble (v), gaqagaqa; gaqazela.
scrape (v), phala; gudla.
scratch (v), klwebha.
scream (v), dazuluka.
screen (n), umpheme, imipheme.
screw (n), isikulufo, izikulufo.
scribble (v), klwiklwiza.
scrub (v), kolobha.
scrub cattle (n), inqushumbana, izinqushumbana.
scrutinize (v), hlolisisa.
sculptor (n), umqophi wamatshe; abaqophi bamatshe.
scum (n), umengulo.
sea (n), ulwandle, izilwandle.
sea breeze (n), umnyelele, iminyelele.
seam (n), umphetho, imiphetho.

seaman (n), itilosi, amatilosi.

search (v), cinga; phenya.

season (n), isikhathi sonyaka, izikhathi zonyaka.

seat (n), isihlalo, izihlalo; isinqe, izinqe (buttock).

secluded (a), -sithekileyo.

second (n), umzuzwana, imizuzwana (time).

second (a), -sibili.

second (v), sekela.

secrecy (n), ukwenza ngasese.

secret (n), imfihlo, izimfihlo; isifuba, izifuba.

secret (a), -yimfihlo.

secretary (n), umbhali, ababhali; unobhala, onobhala.

secretary bird (n), intinginono, izintinginono.

section (n), isiqhephu, iziqhephu; isigaba, izigaba.

secure (v), gcina; bopha.

sediment (n), inzika.

sedition (n), ukuvukela umbuso.

see (v), bona; qonda (understand).

seed (n), imbewu, izimbewu.

seek (v), funa; cinga.

segment (n), izenge, amazenge.

segregate (v), ahlukanisa.

seize (v), bamba.

seldom (adv), ngokungavamile.

select (v), khetha; qoma.

self (n), isibili.

self-confidence (n), ukuzithemba.

selfish (a), -zifunelayo; yiqonqela.

self-sown (a), -zihlumelayo; ikhikhizela, amakhikhizela.

sell (v), thengisa.

senate (n), ibandla lezigele, amabandla ezigele.

senator (n), ilunga lesigele, amalunga esigele.

send (v), thuma.

senior (a), -dala; -khulu.

sense (n), ingqondo, izingqondo; umqondo, imiqondo.

sensitive (a), -nozwela; -zwelayo.

sentence (n), umusho, imisho (grammatical); isinqumo, izinqumo (court); isijeziso, izijeziso (court).

sepal (n), idlebe lembali, amadlebe embali.

separate (v), ahlukanisa.

sequel (n), impumelelo, okulandelayo.

sequence (n), ukulandelana.

sergeant (n), usayitsheni, osayitsheni.

serious (a), -ngxamile (person); -nzima.

sermon (n), intshumayelo, izintshumayelo.

servant (n), isisebenzi, izisebenzi.

serve (v), sebenzela (work for); nikeza.

set (v), deka (table); beka; endlala.

seven (num), isikhombisa.

seventeen (num), ishumi nesikhombisa.

seventy (num), amashumi ayisikhombisa.

sever (v), nquma; juqula.

sew (v), thunga.

sex (n), ubulili; ubulili besilisa (male); ubulili besifazane (female).

shade (n), ithunzi, amathunzi; umthunzi, imithunzi.

shadow (n), isithunzi, izithunzi.

shaft (n), umphini, imiphini.

shake (v), zamazisa; nyakazisa.

shale (n), ukhethe, izinkethe.

shallot (n), ishaladi, amashaladi.

shallow (a), -ngashonile; -ngajulile.

sham (n), imbumbulu, izimbumbulu; ukumbuluza.

shame (n), amahloni.

shameful (a), -jabhisayo, -dumazayo.

shape (n), isimo, izimo.

share (n), abela.

share (n), isabelo, izabelo.

sharp (a), -bukhali; cijile.

sharpen (v), lola; cija.

shave (v), phuca.

shaving (n), ibazelo, amabazelo.

shawl (n), itshali, amatshali.

sheaf (n), isithungu, izithungu.

shear (v), gunda.

shears (n), isikele sokugunda, izikele zokugunda.

sheath (n), umgodlo, imigodlo; ingxiwa, izingxiwa.

sheep (n), imvu, izimvu; isiklabhu, iziklabhu.

shelf (n), ishalofu, amashalofu; ithala, amathala.

shell (n), igobolondo, amagobolondo.

shepherd (n), umalusi wezimvu, abelusi bezimvu.

shield (n), ihawu, amahawu; isihlangu, izihlangu (large).

shilling (n), usheleni, osheleni.

shin (n), umbala, imibala.

shine (v), cwazimula; khanya.

ship (n), umkhumbi, imikhumbi.

shirt (n), iyembe, amayembe.

shiver (v), qhuqha; qhaqhazela.

shoe (n), isicathulo, izicathulo.

shoot (n), ihlumela, amahlumela.

shoot (v), dubula; hluma (grow).

shooting star (n), inkanyezi ecibayo, izinkanyezi ezicibayo; inkanyezi etshuzayo, izinkanyezi ezitshuzayo.

shop (n), isitolo, izitolo.

shore (n), usebe; ugu, izingu.

short (a), -fushane.

shorten (v), finyeza.

shotgun (n), ingebe, izingebe.

shoulder (n), ihlombe, amahlombe.

shoulder blade (n), isiphanga, iziphanga.

shout (v), memeza; dazuluka.

shovel (n), ifosholo, amafosholo.

show (v), bonisa; veza.

shower (n), isihlambi, izihlambi (rain).

shred (n), umucu, imicu; umsweswe, imisweswe.

shrill (a), -nswininizayo.

shrink (v), shwabana.

shrivel (v), shwabana.

shrub (n), isihlahlana, izihlahlana. la.

shrug (v), qhikiza.

shudder (n), qhakanyeka; hlasimu

shuffle (v), khushuza.

shun (v), xwaya.

shut (v), vala; sibekela (lid).

sick (a), -gulayo.

sickle (n), isikela, amasikela.

sickly (a), -xhwalile.

side (n), icala, amacala (edge); uhlangothi, izinhlangothi.

sieve (n), isihlungo, izihlungo; isisefo, izisefo.

sift (v), hlunga.

sight (n), ukubona.

sign (v), sayina; sicilela.

sign (n), uphawu, izimpawu; isici, izici.

sign + umhlanganisi.
    — umnciphisi.
    × umphindiphindi.
    ÷ umahlukanisi.
    = umlinganisi.
    ( ) izibiyelo, abakaki.

signature (n), isayini, amasayini; isisicilelo, izisicilelo.

silence (n), ukuthula.

silent (a), -thule.

silk (n), usilika, osilika.

silver (n), isiliva.

similar (a), -fanayo.

simple (a), -lula; -sobala.

sin (n), isono, izono.

since (adv), kamuva; selokhu.

sincere (a), -qatha; -liqiniso; -neqiniso; -qinisileyo.

sinew (n), umsipha, imisipha.

sing (v), hlabelela; cula; huba.

singe (v), hanguza.

single (a), -nye.

sink (v), zika; cwila.

sip (v), habula; hubuluza.

sister (n), udade, odade; udadewethu, odadewethu (my); udadewenu, odadewenu (your); udadewabo, odadewabo (his/her/their).

sit (v), hlala.

six (num), -isithupha.

sixpence (n), uzuka, ozuka.

sixteen (num), ishumi nesithupha.

sixty (num), amashumi ayisithupha.

size (n), ubukhulu.

sjambok (n), imvubu, izimvubu.

skeleton (n), ugebhezi lwamathambo, izingebhezi zamathambo; uphahla lomzimba.

skill (n), ubungcwepheshi; ikhono.

skim (v), engula (as milk); cwenga (as milk).

skin (n), isikhumba, izikhumba.

skip (v), shaya ingqathu.

skirt (n), isiketi, iziketi.

skull (n), ugebhezi lwekhanda, izingebhezi zamakhanda.

skunk (n), iqaqa, amaqaqa.

sky (n), isibhakabhaka, izibhakabhaka.

slander (v), nyundela; okha.

slang (n), isihumusha; isidolobha.

slant (v), tsheka, thambeka.

slap (v), mukula.

slaughter (v), bulala; cekaceka.

slave (n), isigqila, izigqila.

slavery (n), ubugqila.

sledge (n), isihlibhi, izihlibhi.

sleep (v), lala ubuthongo; lala.

sleepless (a), -qwashileyo.

sleepy (a), -ozelayo.

sleet (n), ingele, izingele.

sleeve (n), umkhono wengubo, imikhono yengubo.

slender (a), cuthene.

slice (n), ucezu, izingcezu.

slide (v), shelela.

slim (a), -nomzimba omncane; -luthi.

slippery (a), -bushelelezi.

slope (n), umthambeka, imithambeka.

slow (a), -ephuzayo; -dondayo; -nwabulukayo.

small (a), -ncane.

smallpox (n), ingxibongo.

smallpox mark (n), imfologo, amafologo.

smear (v), gcoba; bheca.

smell (v), nuka.

smell (n), iphunga, amaphunga; ivumba, amavumba; ukunuka.

smelling-out (n), umhlahlo, imihlahlo.

smile (v), momotheka; monyozela; mamatheka.

smirk (v), sineka.

smoke (n), intuthu, izintuthu; umusi.

smoke (v), bhema (tobacco); thunqisa.

smooth (a), -bushelelezi; -sulekileyo.

smoothen (v), sheleza; gudla; lolonga.

snail (n), umnenke, iminenke.

snake (n), inyoka, izinyoka.

snare (n), isicupho, izicupho; ugibe, izingibe; isithiyo, izithiyo.

snatch (v), hlwitha.

sneeze (v), thimula.

snigger (v), gigitheka.

snore (v), hona; honqa.

snow (n), iqhwa.

snuff (n), ugwayi.

snuff (v), bhema; ntongela.

snuff-box (n), ishungu, amashungu.

soak (v), cwilisa.

soap (n), insipho, izinsipho.

soapstone (n), umgudlo, imigudlo.

sock (n), isokisi, amasokisi.

sod (n), isoyi, amasoyi; igade, amagade.

soft (a), -thambileyo; -potokayo; -potozelayo.

soften (v), thambisa; toboza.

softly (adv), kancane.

soil (n), umhlabathi, imihlabathi; isihlabathi, izihlabathi.

solace (n), induduzo, izinduduzo.

solace (v), duduza.

soldier (n), ibutho, amabutho; isosha, amasosha.

solicit (v), ncenga.

solicitor (n), ummeli, abameli.

solid (a), -sasigaxa.

solve (v), xazulula; hlakahla.

son (n), indodana, amadodana.

song (n), ihubo, amahubo; iculo, amaculo.

son-in-law (n), umkhwenyana, abakhwenyana.

soon (adv), masinyane.

soothe (v), duduza.

sorcerer (n), umthakathi, abathakathi.

sore (n), isilonda, izilonda.

sore (a), -buhlungu.

sorghum (n), ibele, amabele.

sorrow (n), usizi, izinsizi; ukudabuka.

soul (n), umphefumulo, imiphefumulo; idlozi, amadlozi.

sound (n), umsindo, imisindo; imvunga, izimvunga.

soup (n), isobho; umhluzi.

sour (a), -munyu; -muncu.

sour milk (n), amasi.

sour veld (n), idlelo lengongoni, amadlelo engongoni.

source (n), isisusa, izisusa; umthombo, imithombo.

south (n), iningizimu.

southern cross (n), impambano yeningizimu.

sow (n), ingulube yensikazi, izingulube zenzinsikazi.

sow (v), hlwanyela; tshala.

spacious (a), -banzi; -khulu.

spade (n), ifosholo, amafosholo; isipete, izipete.

spanner (n), isipanela, izipanela.

spark (n), inhlansi, izinhlansi.

spasm (n), inkwantshu, izinkwantshu.

spawn (n), ujunguju, izinjunguju (frog).

speak (v), khuluma; xoxa.

spear (n), umkhonto, imikhonto.

speck (n), icashazana, amacashazana.

spectator (n), isibukeli, izibukeli.

spell (v), pela.

spend (v), sebenzisa; chitha imali.

spice (n), isinandiso, izinandiso; isinongo, izinongo.

spider (n), ulwembu, izilwembu; isicabu, izicabu.

spider's web (n), ubulwembu.

spill (v), chitha.

spine (n), umhlandla, imihlandla; umgogodla, imigogodla.

spinal cord (n), umfunkulu, imifunkulu.

spit (v), phimisa amathe; fela amathe.

spittle (n), amathe.

spleen (n), ubende, izimbende.

split (v), canda; cezula.

sponge (n), ilula, amalula.

spoon (n), ukhezo, izinkezo.

spoor (n), umkhondo, imikhondo.

sport (n), umdlalo, imidlalo.

spot (n), ibala, amabala; icashazi, amacashazi.

spotted (a), -mabalabala.

sprain (v), enyela; enyelisa.

spread (v), hlakaza; sakaza.

spring (v), eqa; xhuma.

spring (n), entwasahlobo (season).

springbok (n), insephe, izinsephe.

sprinkle (v), chela; fafaza.

sprout (v), hluma; mila.

spy (n), inhloli, izinhloli.

squabble (v), xabana.

squander (v), xhaphaza.

square (n), isikwele, izikwele.

squash (v), pitshiza; fihliza.

squat (v), qoshama.

squeal (v), nswininiza.

squeeze (v), khama; cindezela (press on).

stab (v), gwaza; hlaba.

stable (n), isitebelo, izitebelo.

stack (n), inqwaba, izinqwaba.

staff (n), ubhoko, izimboko (stick); udondolo, izindondolo (stick).

stagger (v), bhadazela, diyazela; bhuyazela.

stagnant water (a), amanzi amile.

stain (n), isibhashu, izibhashu.

stale (a), -dala, -khuntile; -ngundile.

stalk (n), uhlanga, izinhlanga; ingono, izingono (petiole).

stalk-borer (n), isihlava, izihlava.

stallion (n), ihashi lenkunzi, amahashi enkunzi.

stammer (v), nkwankwaza; ngingiza.

stamp (v), nyathela; dovoza.

stamp (n), isitembu, izitembu.

stand (v), ma; gxamalaza.

standard (n), ibanga, amabanga (school).

star (n), inkanyezi, izinkanyezi.

starch (n), isitashi.

stare (v), gqoloza.

start (v), ethuka (surprise), thathela; qala.

starve (v), lamba.

statement (n), isitetimenti, izitetimenti.

station (n), isiteshi, iziteshi.

statue (n), isithombe, izithombe.

steal (v), eba; ntshontsha.

stealthy (a), -nyonyobayo.

steam (n), isisi.

steenbok (n), iqhina, amaqhina.

steep (v), cwilisa.

stem (n), isiqu, iziqu.

stench (n), iquqa, amaquqa; ufuthu.

step (v), nyathela.

step (n), isinyathelo, izinyathelo.

step-ladder (n), isitebhisi, izitebhisi.

sterile (a), -yinyumba.

sterilise (v), bulala imbewu yokufa; thena (castrate).

stethoscope (n), isixilongo, izixilongo.

stick (n), uthi, izinti.

stiff (a), -jiyileyo; -lukhuni.

stifle (v), futhanisa.

stimulus (n), imbangela, izimbangela; isisusa, izisusa.

sting (v), ntinyela (as bee); suzela (as bee).

sting (n), udosi, izindosi.

stink (n), iphunga elibi; iququ.

stint (v), ncisha.

stipend (n), iholo, amaholo.

stir (v), govuza; bonda.

stirrup (n), isitibili, izitibili.

stocking (n), isokisi, amasokisi.

stomach (n), isisu, izisu.

stone (n), itshe, amatshe; idwala, amadwala (large).

stool (n), isitulo, izitulo.

stoop (v), khothama.

stop (v), vimba; vala.

stopper (n), isivimbo, izivimbo.

store (n), isitolo, izitolo.

store (v), bekelela; qongelela.

stork (n), unogolantethe, onogolantethe.

storm (n), isiphepho, iziphepho; isivunguvungu, izivunguvungu.

story (n), umlando, imilando.

stout (a),-zimukileyo; -khulupheleyo.

stove (n), isitofu, izitofu.

straight (a), -qondileyo; qotho (honest).

straighten (v), qondisa; elula.

strange (a), -mangalisayo; -thukekayo.

stranger (n), isihambi, izihambi; umufo.

strangle (v), klinya.

stray (v), eduka.

stream (n), umfudlana, imifudlaua; isihlanjana, izihlanjana.

street (n), isitaladi, izitaladi.

strength (n), amandla; izikhwepha.

stress (v), gcizelela.

stretch (v), nweba; elula.

strike (v), shaya; betha (with open hand).

string (n), intambo, izintambo.

strip (v), hlubula; ebula.

strive (v), zama; linga.
strong (a), -namandla; -nezikhwepha.
stubborn (a), -nenkani.
stud (n), iqhosha, amaqhosha; isitadi, izitadi.
stumble (v), khubeka.
stump (n), isigamu, izigamu; isiphunzi, iziphunzi; isikhunku, izikhunku (tooth).
stun (v), hlwathizisa.
stupid (a), -yisithutha.
stutter (v), ngingiza.
subdue (v), ahlula; nqoba.
submerge (v), cwilisa.
submit (v), thela.
subpoena (v), bizelwa enkantolo.
succeed (v), phumelela.
success (n), impumelelo.
such (a), -nje; -njalo.
suck (v), ncela (as a calf); munya.
sudden (a), -zumayo.
suffer (v), izwa ubuhlungu; zwiswa ubuhlungu.
sugar (n), ushukela, oshukela.
sugar-cane (n), umoba, imimoba (pieces).
suicide (n), ukuzibulala.
suitor (n), isisheli, izisheli.
sulk (v), khunsa.
sullen (a), -hwaqileyo.
sulphur (n), isibabule.
summary (n), iqoqo lokubalulekile, amaqoqo okubalulekile.
summer (n), ihlobo.
summit (n), isiqongo, iziqongo.
summon (v), mema; biza.
summons (n), isamaniso, amasamaniso.
sun (n), ilanga, amalanga.
sunbeam (n), umsebe welanga, Imisebe yelanga.
Sunday (n), iSonto, amaSonto.
sundown (n), ukushona kwelanga.
sunflower (n), ujikanelanga, ojikanelanga; ubhekilanga, obhekilanga.
sunlight (n), ukukhanya kwelanga.

sunrise (n), ukuphuma kwelanga.
sunset (n), ukushona kwelanga.
supper (n), indlakusihlwa.
suppurate (v), xhixha ubovu.
supreme court (n), emajajini.
surely (adv), impela; ngeqiniso.
surgeon (n), udokotela ohlinzayo, odokotela abahlinzayo.
surname (n), isibongo, izibongo.
surpass (v), dlula; ahlula.
surprise (v), mangalisa.
surprise (n), isimangaliso, izimangaliso.
surrender (v), thela; dela.
surround (v), kaka, zungelezela.
surveyor (n), umdabuli, abadabuli.
suspect (v), cabangela; dlinzela.
suspicion (n), umdlinzekelo, imidlinzekelo; umdlinzo, imidlinzo.
swagger (v), khunsela.
swallow (n), inkonjane, izinkonjane.
swallow (v), gwinya; ginga; gimbiliqela.
swamp (n), ixhaphozi, amaxhaphozi; ubhuku, izimbuku.
swarm (n), iqulo, amaqulo (as bees).
swarm (v), phithizela.
swear (v), funga (take oath); nyanisa (take oath); thuka.
sweat (n), umjuluko, imijuluko; isithukuthuku, izithukuthuku.
sweat (v), juluka.
sweep (v) shanyela.
sweetbread (n), amanyikwe.
sweetness (n), ubumnandi.
sweet-potato (n), ubhatata, obhatata.
sweet veld (n), idlelo lensinde; amadlelo ensinde.
swell (v), khukhumala; vokomala; vuvukala.
swelling (n), ukuvuvukala; ukudumba.
swift (a), -nejubane; -sheshisayo.
swiftly (adv), -ngejubane, -ngokushesha.

swim (v), hlamba; bhukuda.
swimmer (n), inhlambi, izinhlambi.
switch (n), uswazi, izinswazi.
swoon (v), quleka; hlwathiza.
sword (n), inkemba, izinkemba.
syllable (n), uhlamvu lwezwi, izinhlamvu zamazwi.

syllabus (n), uhlelo lwezifundo, izinhlelo zezifundo.
sympathetic (a), -nozwela; -zwelayo.
sympathy (n), uzwelo; umhawu.
symptom (n), isibonakaliso, izibonakaliso; uphawu, izimpawu.
syphilis (n), ugcunsula.
syringe (n), isipotsho, izipotsho.

T

table (n), itafula, amatafula (furniture); uhla, izinhla.
table-cloth (n), indwangu yetafula.
tabulate (v), bhala ngezinhla.
tadpole (n), unoshobishobi, onoshobishobi.
tail (n), umsila, imisila; isisila, izisila (bird).
tailor (n), umsiki wezingubo, abasiki bezingubo.
take (v), thatha; bamba.
tale (n), indaba, izindaba; inganekwane, izinganekwane.
talented (a), -nesiphiwo.
talk (v), khuluma.
talkative (a), -lidlandaba.
tall (a), -de.
tambootie grass (n), isiqunga.
tame (a), -fuyiweyo; -thambileyo.
tampan (n), ubukhuphe.
tan (v), shuka (leather).
tank (n), ithange, amathange; itange, amatange; idiphu, amadiphu (dipping).
tap (for water) (n), umpompi, ompompi.
tapeworm (n), ingcili, izingcili.
tar (n), itiyela, amatiyela.
tarpaulin (n), useyili, oseyili.
tart (a), -muncu.
taste (v), nambitha.
tasteless (a), -duma.
tattered (a), -manikiniki.
taunt (v), chokoloza.
tax (n), intela, izintela.

tax (v), thelisa.
taxi (n), ithekisi, amathekisi.
tea (n), itiye, amatiye.
teach (v), fundisa.
teacher (n), uthishela, othishela.
tear (v), klebhula, dabula, gqabula.
tears (n), izinyembezi.
tease (v), cuphuluza; thikameza.
teat (n), umbele, imibele.
teeth (n), izinyo, amazinyo.
(full set), uthotho.
(permanent), amazinyo obudala.
(milk), amazinyo obuntwana.
(wisdom), amabamba.
telegram (n), ucingo, izingcingo.
telephone (n), uthelefoni, othelefoni; ifoni, amafoni; ucingo, izingcingo.
telescope (n), isibonakude, izibonakude.
tell (v), tshela.
tempt (v), linga; yenga.
temptation (n), isilingo, izilingo.
ten (num), ishumi.
tenant (n), umqashi, abaqashi.
tender (a), -ntonto; -nsobonsobo (soft).
tendon (n), umsipha, imisipha.
tendril (n), umliba, imiliba; isibambelelo, izibambelelo.
tent (n), itende, amatende.
tepid (a), -ntukuntuku.
termite (n), umuhlwa, imihlwa.
terrace (n), ithala, amathala.
terrified (a), -nengebhe.
terror (n), ingebhe, izingebhe.

test (n), umvivinyo, imivivinyo.
test (v), hlola; vivinya.
testicle (n), isende, amasende.
testify (v), fakaza.
tetanus (n), umhlathi-ngqi.
than (conj), kunoba; kuna.
thank (v), bonga.
that (pron), lokho; leyo, etc.
thatch (v), fulela.
their (a), -abo; -ayo.
them (pron), bona; yona; zona, etc.
theme (n), indikimba, izindikimba.
then (adv), kuleso sikhathi.
there (adv), khona lapho.
therefore (adv), ngakho.
thick (a), -jiyile (as of liquid); -eno-hlonze.
thicket (n), ihlozi, amahlozi.
thief (n), isela, amasela.
thieve (v), eba; ntshontsha.
thigh (n), ithanga, amathanga.
thin (a), -zacileyo; -ondileyo.
thing (n), into, izinto; utho, izinto.
think (v), cabanga.
thirst (n), ukoma.
thirsty (a), -omileyo.
thirteen (num), ishuminantathu.
thirty (num), amashumi amathathu.
this (pron), leli; lo; lokhu, etc.
thong (n), umchilo, imichilo.
thorax (n), isifuba, izifuba.
thorn (n), iva, ameva.
thorny (a), -nameva.
those (pron), labo; lezo; lawo; etc.
though (conj), nokho.
thought (n), umcabango, imicabango; umzindlo, imizindlo.
thousand (num), inkulungwane, izinkulungwane.
thrash (v), dinda; shaya.
three (a), -thathu.
threepence (n), utiki, otiki; upeni, openi.
thresh (v), bhula (corn).
thrift (n), ukonga.

throat (n), umminzo, imiminzo; umphimbo, imiphimbo.
throb (v), qaqamba; gquma.
throttle (v), klinya.
throw (v), phonsa; jikijela.
thumb (n), isithupha, izithupha.
thunder (n), ukuduma.
Thursday (n), uLwesine, oLwesine.
tibia (n), ithambo lombala, amathambo ombala.
tick (n), umkhaza, imikhaza; iqashi, amaqashi.
ticket (n), ithikithi, amathikithi.
tickle (v), kitaza.
tide (n), ibuya, amabuya; ithayidi, amathayidi.
tide (high) (n), ibuya elingeneyo.
tide (low) (n), ibuya elishileyo.
tie (v), bopha.
tight (a), -the ngqi.
tighten (v), qinisa.
time (n), isikhathi, izikhathi.
timepiece (n), iwashi, amawashi.
timid (a), -novalo.
tip (n), isihloko, izihloko.
tip (v), qethula (over).
tiptoes (n), amazwayiba; amanzonzwane.
tired (a), -khathele; -diniwe.
title-deed (n), itayitela, amatayitela.
toad (n), iselesele, amaselesele.
toast (v), osa; thosa.
tobacco (n), ugwayi.
today (n), namhlanje.
toddle (v), cathula.
toe (n), uzwani, izinzwani.
toe nail (n), uzipho, izinzipho.
together (adv), ndawonye.
tomato (n), utamatisi, otamatisi.
tomb (n), iliba, amaliba; ithuna, amathuna; ingcwaba, amangcwaba.
tombstone (n), itshe lesikhumbuzo, amatshe esikhumbuzo.
tomorrow (n), kusasa.
ton (n), ithani, amathani.
tongue (n), ulimi, izilimi.

tonsil (n), ithonsela, amathonsela; idlala, amadlala.

too (adv), futhi.

tooth (n), izinyo, amazinyo.

top (a), ngaphezulu.

top of head (n), ukhakhayi, izinkakhayi.

top knot (n), inhloko, izinhloko; isicholo, izicholo.

torch (n), ithoshi, amathoshi; ubhaqa, izimbaqa.

tortoise (n), ufudu, izimfudu.

touch (v), thinta; phatha.

tough (a), -lukhuni.

tourniquet (n), isicindezela-mthambo, izicindezela-mthambo.

towel (n), ithawula, amathawula.

town (n), idolobha, amadolobha.

trade (v), thengisa; hweba.

trade (n), uhwebo.

traditional (a), okwezizukulwane.

tragedy (n), isigemegeme, izigemegeme; imbangalusizi, izimbangalusizi.

trail (n), umkhondo, imikhondo.

train (v), fundisa; jwayeza.

train (n), isitimela, izitimela.

traitor (n), imbuka, amambuka.

trample (v), gxoba; nyathela.

translate (v), humusha.

transplant (v), tshala; gxumeka.

trap (n), unoxhaka, onoxhaka; isithiyo, izithiyo.

travel (v), hamba izwe.

traveller (n), umhambi, abahambi; isihambi, izihambi.

treacle (n), utiligi, otiligi.

tread (v), nyathela.

treasure (n), igugu, amagugu; umnotho.

treat (v), phatha.

treatment (n), impatho; ukuphathwa.

tree (n), umuthi, imithi; isihlahla, izihlahla.

tremble (v), qhaqhazela.

trench (n), umsele, imisele; inkasa (water furrow).

trespass (v), fohla.

trespass (n), icala lokufohla.

trial (n), ukuthethwa kwecala.

triangle (n), unxantathu, onxantathu.

tributary (n), umngenela, imingenela.

trick (n), icebo, amacebo; umkhuba, imikhuba.

triumph (n), ukunqoba; ukwahlula.

trivial (a), -ngenamkhuba.

trouble (n), inhlupheko, izinhlupheko; uchuku.

troublesome (a), -khathazayo.

trousers (n), ibhulukwe, amabhulukwe.

truck (n), ingolovane, izingolovane; itilogo, amatilogo.

true (a), -qinisile; -qotho.

trumpet (n), icilongo, amacilongo.

trustworthy (a), -thembekile.

truth (n), iqiniso, amaqiniso.

truthful (a), -neqiniso; -qinisile.

try (v), zama.

tsetse fly (n), itsetse, amatsetse; isibawu, izibawu.

tuberculosis (n), isifuba sexhwala; iT.B.

Tuesday, (n), uLwesibili, oLwesibili.

tuft (n), isiqhova, iziqhova.

tumour (n), ithumba, amathumba.

tunnel (n), imbobo, izimbobo; umgodi, imigodi.

turkey (n), ikalikuni, amakalikuni.

turn (v), phenduka; phendula (trans.).

turnip (n), itheniphu, amatheniphu.

twelve (num), -yishumi nambili.

twenty (num), amashumi amabili.

twice (adv), kabili.

twig (n), ihlamvana, amahlamvana; inswani, izinswani.

twilight (n), uvivi.

twin (n), iwele, amawele; iphahla, amaphahla (animal).
two (a), -bili.
type (n), uhlobo, izinhlobo.

typewriter (n), umshini wokuthayipha, imishini yokuthayipha.
typhoid (n), ientelika.
typhus (n), isifo sezintwala.

U

udder (n), umbele, imibele.
ugly (a), -bi.
ulcer (n), uzozo, ozozo.
ultimate (a), -kokugcina.
ultra vires (a), ngaphandle kwegunya lomthetho.
ululate (v), kikiza.
umbilicus (n), inkaba, izinkaba.
umbrella (n), isambulela, izambulela.
unaccustomed (a), -ngajwayele.
unafraid (a), -ngesabi.
unalterable (a), -ngenakuguqulwa.
unarmed (a), -ngaphethe zikhali; -ngahlomile; -vathazelayo.
unauthorised (a), -ngenalungelo.
unaware (a), -ngazi.
unbecoming (a), -ngafanele.
unbeliever (n), ongakholiwe, abangakholiwe.
unborn (a), -ngakazalwa.
uncertain (a), ngabaza.
uncharitable (a), -ngenamhawu.
uncivil (a), -ngahloniphi.
uncivilised (a), -obuqaba; oliqaba.
uncle (n), ubaba, obaba; umfowabo kababa, abafowabo bakababa; umalume, omalume.
unclean (a), -ngcolileyo; -nukubeleyo.
uncoil (v), sombulula.
uncommon (a), -ngavamiie.
unconscious (a), -qalekileyo; -qulekileyo; -mukelwa ingqondo.
unconscious state (n), isihlwathi, izihlwathi.
uncooked (a), -ngaphekiwe.
uncover (v), ambula; phenya.
uncultivated (a), -ngalinyiwe.
uncultured (a), -ngaphucuzekile.

undamaged (a), -saphelele; -ngali malanga.
undecided (a), -ngabazayo.
undependable (a), -ngathembeki.
under (prep), ngaphansi kwa-.
understand (v), -zwa; qonda.
undeserved (a), -ngafanele.
undesirable (a), -ngafuneki.
undignified (a), -ngenasizotha.
undisciplined (a), -zenzelayo.
undisclosed (a), -ngavezwanga.
undisputed (a), -ngenakuphikiswa.
undo (v), thukulula; khulula; khumula.
undoubted (a), -sobala.
undress (v), khumula izingubo.
undressed (a), -ngagqokile; -nqunu.
unearth (v), vumbulula, mbulula.
uneasy (a), -nevuso.
uneducated (a), -ngafundile; -ngafundisiwe.
unemployed (a), -ngasebenzi.
unequal (a), -ngalingene.
uneven (a), -maqokolo.
unexpected (a), -ngabnekiwe; -zumayo.
unfaithful (a), -ngathembekile.
unfasten (v), thukulula; khulula; khumula.
unfinished (a), -ngaphelile.
unfold (v), sombulula.
unforgettable (a), -ngenakukhohlakala.
unforgivable (a), -ngenakuthethelelwa.
unfortunately (adv), ngeshwa.
unfulfilled (a), -ngafezekanga.
unfurnished (a), -ngenampahla.

ungrateful (a), -ngabongiyo, -ngenambongo.
unhappy (a), -nosizi; -ngenamile.
unhealthy (a), -ngaphilile.
unhygienic (a), okungenanhlanzeko.
uniform (a), -fanisene.
uniform (n), izingubo zesikhundla.
unimportant (a), -yize.
unit (n), umuvo, imivo; umunwe iminwe; okukodwa.
unite (v), hlanganisa.
unity (n), ubunye.
unjustly (adv), ngokuphambene nomthetho.
unkind (a), -ngenamusa; -nonya.
unknowingly (adv), ngokungazi.
unlawful (a), ngaphandle komthetho.
unlike (a), -ngafani.
unload (v), ethula.
unlucky (a), -nesinyama; -neshwa.
unmarried (a), -ngaganiwe.
unmerciful (a), -nonya.
unpunctual (a), -ngagcini isikhathi.
unravel (v), qaqa.
unrewarded (a), -ngabongwanga; -ngavuzwanga.
unsafe (a), -nengozi.
unselfish (a), -nomhawu.

unsuccessful (a), -ngaphumelelanga.
untidy (a), -mafukufuku.
untie (v), khumula; thukulula.
untruth (n), amanga.
unwary (a), -ngaxwayile.
unwilling (a), -enqenayo.
up (adv), phezulu; enhla.
uphold (v, sekela.
upon (prep), phezu kwa-
upright (a), -the nqo; -qotho (good).
upright (n), insika, izinsika.
uproar (n), isidumo, izidumo.
uproot (v), siphula; bhonxula.
upset (v), ketula; wisa.
urge (v), qhuba; cindezela.
urban (a), okwasedolobheni.
urinate (v), shobinga; chama.
urine (n), umchamo, imichamo; umshobingo, imishobingo.
us (pron), thina.
use (v), sebenzisa.
useful (a), -nokusiza; -nosizo.
useless (a), -ngenamsebenzi, -ngenalusizo.
usual (a), -vamileyo.
utensil (n), isitsha, izitsha.
uterus (n), isizalo, izizalo.
uvula (n), ugovane, ogovane.

V

vacancy (n), isikhundla, izikhundla; isikhala, izikhala.
vacate (v), phuma; shiya.
vacation (n), iholide, amaholide.
vaccinate (v), gcaba.
vaccination (n), umgcabo, imigcabo.
vagrant (a), -ndindayo.
vague (a), -ngezwakali kahle; -fiphele.
valiant (a), -nesibindi.
valid (a), -neqiniso.
valley (n), isigodi, izigodi; isihosha, izihosha.
valour (n), ubuqhawe.
valuable (a), -ligugu.
vanish (v), nyamalala.

vapour (n), isisi, izisi; umhwamuko imihwamuko.
varied (a), -nhlobonhlobo.
variety (n), uhlobo, izinhlobo.
vary (v), guqula.
vaseline (n), uvaselina, ovaselina
veil (v), gubuzela; mboza.
vein (n), umthambo, imithambo.
veld (n), indle; isikhotha, izikhotha.
veld fire (n), umlilo wequbula, imililo yequbula.
vengeance (n), impindisela, izimpindisela.
venom (n), isihlungu, izihlungu.
verb (n), isenzo, izenzo.

verdict (n), isinqumo, izinqumo.
vernacular (n), ulimi lwabantu, izilimi zabantu.
vertebra (n), izongwe lomhlandla, amazongwe omhlandla.
vertebrate (a), -nomhlandla.
vertical line (n), umugqa nqo, imigqa nqo.
vessel (n), isitsha, izitsha; umkhumbi, imikhumbi (ship).
vex (v), hlupha; cunula.
vice (n), umkhuba omubi; imikhuba emibi.
vice-chairman (n), usekela-sihlalo, osekela-sihlalo; isekela likasihlalo, amasekela osihlalo.
view (v), buka; khangela.
vigilance (n), ukuqaphela.
vigorous (a), -nesidlakadla.
vilify (v), nyundela.
village (n), umuzi, imizi; idolobhana, amadolobhana.
villain (n), isigelekeqe, izigelekeqe.

virgin (n), intombi emsulwa, izintombi ezimsulwa; intombi egcweleyo, izintombi ezigcweleyo.
visible (a), -bonakele; -qavile.
visit (v), vakashela; hambela.
visitor (n), isivakashi, izivakashi.
vlei (n), ubhuku, izimbuku.
voetganger (n), inkasa.
voice (n), iphimbo, amaphimbo.
volatile (a), -hwamukayo.
volcano (n), intabamlilo, izintabamlilo.
volume (n), umthamo, imithamo.
volunteer (n), ozinikelayo, abazinikelayo; ivolontiya, amavolontiya.
vomit (v), hlanza; phalaza (after emetic).
vote (v), vota.
vote (n), ivoti, amavoti.
vow (n), isithembiso, izithembiso; isifungo, izifungo.
vowel (n), unkamisa, onkamisa.
vulture (n), inqe, amanqe.

W

wade (v), bhoxoza.
wafer (n), ucwecwana, izingcwecwana.
wag (v), tshikiza.
wage (n), iholo, amaholo; inkokhelo, izinkokhelo.
waggon (n), inqola, izinqola.
waggon-load (n), ifulaha, amafulaha.
wagtail (n), umvemve, imivemve.
wail (v), lila; khala; mpongoloza.
waist (n), uginxi, izinginxi; ukhalo.
wait (v), linda; hlala.
waiter (n), uweta, oweta.
wake (v), vuka; phaphama.
walk (v), hamba.
wall (n), udonga, izindonga.
wallow (v), huquza.
wander (v), zula; ndinda.
want (v), ntula; swela.
war (n), impi, izimpi.

warm (a), -fudumele.
warn (v), xwayisa; yala.
warning (n), ivuso, amavuso; isixwayiso, izixwayiso.
warrior (n), ibutho, amabutho.
wart-hog (n), indlovudawana, izindlovudawana.
wash (v), geza; hlamba; washa.
wasp (n), umuvi, imivi; umnyovu, iminyovu.
waste (v), lahla; chitha.
watch (v), xwaya; alusa; bheka.
watch (n), iwashi, amawashi.
water (n), amanzi.
water (v), nisela; thelela.
waterfall (n), impophoma, izimpophoma.
water-lily (n), izibu, amazibu.
water-melon (n), ibhece, amabhece; ikhabe, amakhabe.

watershed (n), umdlandlathi, imidlandlathi.

water snake (n), ivuzamanzi, amavuzamanzi.

wattle (n), uwatela, owatela; umtholo, imitholo.

wave (v), phephezelisa.

wave (n), igagasi, amagagasi; idlambi, amadlambi.

wax (n), ingcino, izingcino; umovu (bee); isigonogono (from ear).

way (n), indlela, izindlela.

weak (a), -buthakathaka; -ngenamandla.

weakness (n), ubuthakathaka.

wealth (n), umnotho; imfuyo, izimfuyo.

wean (v), khumula ebeleni; lumula; phusisa.

weapon (n), isikhali, izikhali.

wear (v), gqoka; embatha.

weariness (n), ukudinwa; ukukhathala.

weather (n), izulu.

weave (v), aluka.

web (n), ubulembu; ulwebu, izilwebu.

wed (v), thatha; gana; enda; shada.

wedding (n), umgcagco, imigcagco; umshado, imishado.

Wednesday (n), uLwesithathu, oLwesithathu.

weed (n), ukhula.

weed (v), hlakula.

week (n), iviki, amaviki; isonto, amasonto.

weekly (adv), ngamasonto onke.

weep (v), khala; khihliza izinyembezi.

weevil (n), isandundundu, izandundundu.

weigh (v), kala.

weight (n), isisindo, izisindo; ukusinda; ubunzima.

welcome (n), umbingelelo, imibingelelo; isibingelelo, izibingelelo.

welfare (n), inhlalakahle.

well (n), umthombo wamanzi; imithombo yamanzi; ipitsi, amapitsi.

well-known (a), -negama; dumile.

west (n), intshonalanga.

wet (a), -swakeme; -namanzi.

whale (n), umkhomo, imikhomo.

what (pron), -ni.

wheat (n), ukolo.

wheel (n), isondo, amasondo.

wheelbarrow (n), ibhala, amabhala.

wheeze (v), bhohoza; befuza.

whelp (n), iwundlu, amawundlu.

when (adv), nini.

where (adv), -phi.

whet (v), lola.

whether (conj), noma.

whey (n), umlaza.

which (pron), -phi.

whimper (v), bibitheka.

whip (n), isiswebhu, iziswebhu.

whip (v), thwebula; shaya.

whirlpool (n), umsinga, imisinga; isishingishane samanzi, izishingishane zamanzi.

whirlwind (n), isikhwishikazana, izikhwishikazana.

whiskers (n), udevu, izindevu.

whisper (v), hleba; nyenyeza.

whistle (v), shaya ikhwela.

white (a), -mhlophe.

white ant (n), umuhlwa.

whiteman (n), umlungu, abelungu.

whitewash (n), umcako, imicako.

whitewash (v), caka.

whitlow (n), isifesane, izifesane.

who (pron), ubani?

whole (a), -phelele.

wholesome (a), -nempilo; -philisayo.

whooping cough (n), amankonkonko; ukhohlokhohlo.

whore (n), isifebe, izifebe.

whose (pron), -kabani?

wide (a), -banzi.

widow (n), umfelwakazi, abafelwakazi; umfelokazi, abafelokazi.

widower (n), umfelwa, abafelwa.

wife (n), umfazi, abafazi; umka-.

wild (a), -asendle.

wildebeest (n), inkonkoni, izinkonkoni.

wilderness (n), ihlane.

wile (n), ubuqili.

wilful (a), -ngamabomu.

will (n), umqondo, imiqondo; isifiso, izifiso.

willow (n), umnyezane, iminyezane.

wilt (v), buna.

win (v), nqoba; ahlula.

wind (v), songa; thandela.

wind (n), umoya, imimoya.

wind-pipe (n), uqhoqhoqho, oqhoqhoqho.

window (n), ifasitela, amafasitela; isibuko, izibuko.

wine (n), iwayini, amawayini.

wing (n), iphiko, amaphiko.

wink (v), cwayiza; cifa.

winter (n), ubusika.

wipe (v), sula.

wire (n), ucingo, izincingo.

wireless (n), uwayalense, owayalense.

wisdom (n), inhlakanipho.

wise (a), hlakaniphile.

wish (v), fisa; funa.

witchcraft (n), ubuthakathi.

witch-doctor (n), umthakathi, abathakathi; isanusi, izanusi (diviner); isangoma, izangoma (diviner).

witchweed (n), isona.

withdraw (v), khipha; hoxisa.

wither (v), buna.

within (adv), phakathi.

without (adv), ngaphandle.

witness (n), ufakazi, ofakazi; ubufakazi.

woman (n), umfazi, abafazi; inina, amanina.

womb (n), isizalo, izizalo.

wonder (n), ukumangala; isimangaliso, izimangaliso.

wonderful (a), -mangalisayo.

woo (v), qomisa, eshela.

wood (n), ukhuni, izinkuni; ihlathi, amahlathi (forest).

woodpecker (n), isiqophamuthi, iziqophamuthi.

wool (n), uboya bemvu; insonto, izinsonto.

word (n), izwi, amazwi; igama, amagama.

work (v), sebenza.

work (n), umsebenzi, imisebenzi.

worker (n), isisebenzi, izisebenzi.

world (n), umhlaba wonke.

worm (n), umsundu, imisundu.

worm **(round)** (n), umtshumane, imitshumane (intestinal).

worm **(tape)** (n), ingcili, izingcili.

worried (a), -danile; -khathazekile.

worship (v), khonza; dumisa.

wound (n), inxeba, amanxeba.

wound (v), limaza; ophisa (cause to bleed).

wrangle (v), phikisana; xabana.

wrap (v), zongoloza.

wrath (n), ulaka.

wriggle (v), khwixiza; phinqilika.

wring (v), khama.

wrinkle (n), iqimbe, amaqimbe.

wrist (n), isihlakala, izihlakala.

write (v), bhala; loba.

writing (n), isandla, izandla; umbhalo, imibhalo.

wrong (a), -bi; -ngalungile.

X

Xhosa (n), iXhosa, amaXhosa; isiXhosa (language).

Y

yard (n), iyadi, amayadi (measurement); ibala, amabala; ijalidi, amajalidi.
yawn (v), zamula.
year (n), unyaka, iminyaka.
year (leap) (n), unyakande, iminyakande; unyaka obhansayo.
yearly (a), -omnyaka.
yearn (v), langazela.
yeast (n), imbiliso, izimbiliso; imvubelo, izimvubelo.

yellow (a), -liphuzi.
yes (adv), yebo; ehene.
yesterday (n), izolo.
yoke (n), ijoka, amajoka.
yolk (n), isikhupha seqanda, izikhupha zamaqanda.
young (a), -sha; -ncane.
your (a), -kho; -wakho; -yakho, etc.
youth (n), ubusha.

Z

zeal (n), inkuthalo, intshisekelo.
zebra (n), idube, amadube.
zigzag (v), zombeza; gwinciza.

Zulu (n), isiZulu (language); umZulu, amaZulu; uZulu, oZulu (chief).

ZULU DICTIONARY

———

INTRODUCTION

Qualifying words in a Zulu sentence must show relationship with the word they qualify, and verbs must show relationship with their subjects. This relationship is brought about by concords which are prefixed to the different parts of speech.

Pronouns must also show concordial agreement with the related noun. In these cases concordance is brought about by pronominal prefixes.

Illustrative examples are shown in the appendices:

ZULU—ENGLISH

A

aba (v), distribute; divide; apportion.

-aba (izaba), final attempts; last efforts; excuses.

ababo (pron), their.

abakhe (pron), his or hers.

abakho (pron), yours.

abami (pron), mine.

abazo (pron), theirs.

abela (v), distribute amongst; apportion.

-abelo (n), (isabelo, izabelo), portion; share; Native reserve.

-abi (n) (umabi, ababi) one who portions out.

-abizwana (n), isabizwana, izabizwana), pronoun.

abula (v), (ebula), remove bark or skin.

-abulo (n), ulwabulo, outer skin.

abuza (v), (ebuza), cast the skin.

-abuzo (n), (ulwabuzo), cast skin.

-aga (n) (isaga, izaga), proverb; common saying.

-agila (n) (isagila, izagila), knobkerrie.

ahluka (v), part from; differ from; deviate.

ahlukana (v), part from one another; sever connections with.

ahlukanisa (v), separate; grant a divorce.

-ahlukaniso (n), (isahlukaniso, iza-, hlukaniso), divorce.

-ahluko (n), (isahluko, izahluko) chapter; portion.

-ahluko (n), (umahluko), difference.

ahlula (v), get the better of; overcome; defeat.

ahluleka (v), be overcome; be defeated; fail.

ahlulela (v), pass judgment upon.

-ahluleli (n), (umahluleli, abahluleli), adjudicator, arbitrator, judge.

akha (v), build; construct.

-akhamuzi (n), (isakhamuzi, izakhamuzi), citizen.

akhe (poss), his; her.

akhelana (v), live as neighbours; be neighbours.

-akhelwana (n), (umakhelwana, omakhelwana), neighbour.

-akhi (n), (umakhi, abakhi), builder

ala (v), refuse, deny.

-ala (n), (utshwala), beer.

-ala (n), (amatshwala), beer parties.

-alakutshelwa (n), (isalakutshelwa, izalakutshelwa), obstinate person; one who disregards advice.

alela (v), forbid; withhold permission.

aluka (v), go out to graze; plait; weave.

-alukazi (n) (isalukazi, izalukazi), old woman.

alusa (v), watch, look after; look after while grazing.

-alusi (n) (umalusi, abalusi, abelusi), herdsman; guard.

-ambane (n) (isambane, izambane), ant-bear.

ambatha (v) (embatha), dress; put on clothes, cover oneself with blanket.

-ambatho (n) (isambatho, izambatho), clothes; covering for the body.

ambesa (v), clothe or cover another with cloak, etc.

ambuka (v), desert; turn traitor.

ambula (v), uncover.

-ambulela (n) (isambulela, izambulela), umbrella.

ambulela (v), present with old clothing.

ami (poss), my

amuka (v), deprive; take away from.

amukela (v), receive; accept.

amukelisa (v), give out rations.

-amuku (n) (isamuku, izamuku), (i) something with its opening closed; (ii) a person who does not speak.

anda (v), be enlarged; increase.

ande (conj), and then.

-andla (n) (amandla), strength, power.

-andla (n) (isandla, izandla), hand; handwriting.

-andle (n), (ulwandle, izilwandle), sea; ocean.

-ando (n) (isando, izando), hammer.

andukuba (conj), and then; before.

andulela (v), precede; anticipate.

-andundundu (n) (isandundundu, izandundundu), weevil.

anela (v), satisfy; be enough.

anezezela (v), add on to.

anga (v), hug; kiss.

-anga (n) (amanga), lie; deceit.

-anga (n) (inyanga, izinyanga), herbalist; moon; month.

-angoma (n) (isangoma, izangoma), witch-doctor; diviner.

-angquma (n) (isangquma), hail.

-anusi (n) (isanusi, izanusi), diviner; witch-doctor.

-anyanisi (n) (uanyanisi, oanyanisi), onion.

aphuca (v), take away; deprive.

aphuka (v), be broken; break.

aphula (v), break.

awakhe (pron), his; hers.

awakho (pron), yours.

awami (pron), mine.

awenu (pron), yours.

awethu (pron), ours.

azana (v), be acquainted.

-azelo (n) (isazelo), (i) feeling o guilt; (ii) grudge.

-azi (n) (isazi, izazi), expert; knowledgeable person.

-azi (n) (ulwazi, ukwazi), knowledge.

-azi (v) know.

azisa (v) notify; honour, esteem.

-aziso (n) (isaziso, izaziso), notice; proclamation.

B

baba (v), be bitter.

baba (interj), used as a greeting to older men.

-baba (n) (ubaba, obaba), my father; also used to refer to my father's brothers, and also as a term of respect to any older man.

-babala (n) (imbabala, izimbabala), bushbuck.

-babamkhulu (n) (ubabamkhulu, obabamkhulu), my/our grandfather.

babaza (v), praise; exclaim, etc.

-babekazi (n) (ubabekazi, obabekazi), paternal aunt.

babela (v), to purposely set fire to veld grass; to have a set purpose.

bakhe (poss), his; her.

bakho (poss), your.

bala (v), count.

-bala (n), (ibala, amabala), spot; mark; open space or ground; open ground round homestead (yard).

-bala (n) (ubala), nothing; something of no account.

-bala (n) (umbala, imibala), shin bone; colour, markings.

baleka (v), run away; elope.

balekela (v), run away to; run away from.

balela (v), to be clear weather, without rain.

-balo (n) (isibalo, izibalo), figure; sum.

bamba (v), catch; grasp; hold.

bambana (v), catch hold of one another.

bambeka (v), be detained; get caught.

bambela (v), hold or catch for; act as substitute for.

bambelela (v), hold fast to something.

bambezela (v), delay, waste another's time.

bambisa (v), assist, pledge.

bambisana (v), co-operate.

-bambiso (n) (isibambiso, izibambiso) pledge, security.

bambiswano (n) (ubambiswano), co-operation.

-bambo (n) (isibambo, izimbambo), handle.

-bambo (n) (ubambo, izimbambo), rib.

-banda (v), be cold.

-bandamu (n) (umbandamu, imibandamu), ringworm.

-bandla (n) (ibandla, amabandla), group of men; assembly.

-bane (n) (isibane, izibane), lamp; torch.

baneka (v) light up (as by flash of lightning).

qanga (v), cause; dispute a claim.

-banga (n) (ibanga, amabanga), distance between; school standard.

-bangi (n) (imbangi, izimbangi), rival.

-bangi (n) (umbangi, ababangi), contestant.

-bango (n) (umbango, imibango), dispute over property, etc.

bangula (v), open skin to remove thorn.

-bani (n) (isibani, izibani), lamp.

-bani? (n) (ubani, obani), who?

-bani (n) (ubani, izimbani), lightning; blue agapanthus lily.

-bani (n) (umbani, imibani), lightning.

-bankwa (n) (isibankwa, izibankwa), lizard.

bantubahle (adv), late afternoon.

-banzi (n) (ububanzi); breadth; width.

-banzi (rel), wide; broad.

basa (v), put fuel on fire; make fire.

-baya (n) (isibaya, izibaya), cattle kraal.

bayede (interj), respectful greeting, strictly only used to a member of the Zulu royal house.

baza (v), carve in wood.

-bazelo (n) (ibazelo, amabazelo), chip; wood shaving.

-bazi (n) (isibazi, izibazi), scar of old sore; blotch on skin.

-bazi (n) (umbazi, ababazi), carpenter; wood carver.

bazimula (v), shine; shimmer.

-bazo (n) (imbazo, izimbazo) axe.

-befu (n) (umbefu), asthmatical breathing.

befuzela (v), laboured breathing.

beka (v), put; place.

bekela (v), patch (as clothes); lay eggs.

bekezela (v), be patient.

-bele (n) (ibele, amabele), female breast; udder; teat; kaffir-corn, sorghum.

-bele (n), ububele). compassion.

-bele (n) (umbele, imibele), teat of female animal; nipple of animal.

-beleko (n) (imbeleko, izimbeleko), skin used by women to tie children on their backs to carry them.

belesela (v), pester; nag; bother.

beletha (v), give birth (human); carry on the back.

-belethisi (n) (umbelethisi, ababelethisi), midwife.

-bende (n) (ubende), spleen.

-bende (n) (ububende), brawn made from fresh blood and chopped pieces of tripe and meat.

-benge (n), (imbenge, izimbenge), small basket of woven grass.

betha (v), hit, strike with open hand; blow (as a breeze).

-bethe (n) (umbethe), dew.

bethela (v), -hammer; drive in; crucify.

bhabha (v), catch; trap.

bhabhathiza (v), baptise.

bhaca (v), crouch down and hide; hide.

bhadama (v), take by surprise.

bhaka (v), bake.

-bhakabhaka (n) (isibhakabhaka), sky.

-bhakede (n) (ibhakede, amabhakede), bucket.

-bhakela (n) (isibhakela, izibhakela), fist.

bhakuza (v), flutter; flap.

bhala (v), write; write an examination.

-bhala (n) (ibhala, amabhala), wheelbarrow.

bhalasa (v), bloom.

bhalela (v), write for; write to.

-bhali (n) (umbhali, ababhali), writer; author.

-bhalo (n) (umbhalo, imibhalo), document; scriptures.

-bhamu (n) (isibhamu, izibhamu), gun.

-bhanana (n) (ubhanana, obhanana), banana.

-bhande (n) (ibhande, amabhande), belt; strap.

-bhange (n) (ibhange, amabhange), bank (commercial); bench.

-bhanoyi (n) (ibhanoyi, amabhanoyi), aeroplane.

bhanqa (v), tie together.

bhansela (v), tip; give a small present.

-bhantshi (n) (ibhantshi, amabhantshi), coat; jacket.

-bhaqa (n) (ubhaqa, izimbaqa), torch, flare.

-bhasi (n) (ibhasi, amabhasi), bus.

-bhasikidi (n) (ibhasikidi, amabhasikidi; ubhasikidi, obhasikidi), basket.

-bhatata (n) (isibhatata, izibhatata) sweet potato field.

-bhatata (n) (ubhatata, obhatata), sweet potato.

bhavumula (v), roar; growl.

-bhayi (n) (ibhayi, amabhayi), small blanket worn by girls.

-Bhayibheli (n) (iBhayibheli, amaBhayibheli), Bible.

-bhayisikili (n) (ibhayisikili, amabhayisikili), bicycle.

-bhayisikobho (n) (ibhayisikobho, amabhayisikobho), bioscope.

bheca (v), smear; slander.

-bhece (n) (ibhece, amabhece), melon; gourd.

bheda (v), speak foolishly.

-bhede (n) (umbhede, imibhede), bed.

-bhedlela (n) (isibhedlela, izibhedlela), hospital.

-bhedo (n) (umbhedo, imibhedo), nonsense, foolish talk.

-bhejane (n) (ubhejane, obhejane), rhinoceros.

bheka (v), look; observe.

-bhele (n) (ibhele, amabhele), bear.

bhema (v), smoke; take snuff.

-**bheshu** (n) (ibheshu, amabheshu), skin buttock-covering worn by men.

bhibha (v), fester.

-**bhibhi** (n) (ububhibhi), meerkat.

bhidlika (v), fall down; collapse (as a building).

-**bhikili** (n) (ibhikili, amabhikili), small tin container; billy-can.

-**bhilikosi** (n) (ibhilikosi, amabhilikosi), apricot.

bhimba (v), sing out of tune; act discordantly.

-**bhimbi** (n) (ibhimbi, amabhimbi), one who sings out of tune, etc.

bhinca (v), put on; wear.

-**bhinca** (n) (ibhinca, amabhinca), a person who wears traditional Bantu dress.

bhinqa (v), be sarcastic.

bhinyika (v), become twisted, get sprained (e.g. ankle, knee, etc.).

-**bhobe** (n) (umbhobe), buttermilk.

-**bhobo** (n) (imbobo, izimbobo), hole; tunnel.

-**bhodlela** (n), (ibhodlela, amabhodlela), bottle.

bhoboza (v), pierce; make a hole through.

bhodla (v), belch.

bhola (v), make a hole; bore.

-**bhola** (n) (ibhola, amabhola), ball; (ibhola), game of football; drill (tool).

-**bholoho** (n) (ibholoho, amabholoho), bridge.

bhonga (v), roar.

-**bhontshisi** (n) (ubhontshisi, obhontshisi), beans.

bhonya (v), flog.

bhosha (v), pass excrement.

-**bhoshi** (n) (ibhoshi, amabhoshi), lavatory; (pl.) excrement.

-**bhotela** (n) (ibhotela), butter.

-**bhu** (n) (ibhu, amabhu), moth.

-**bhubesi** (n) (ibhubesi, amabhubesi), lion.

bhubha (v), perish.

-**bhubhane** (n) (ubhubhane, obhubhane), plague.

-**bhuku** (n) (ibhuku, amabhuku), book.

-**bhuku** (n) (ubhuku, izimbuku), quagmire; muddy place.

bhukuda (v), swim.

bhula (v), thresh corn; beat to remove dust; divine (witch doctor).

-**bhuloho** (n) (ibhuloho, amabhuloho), bridge.

-**bhulukwe** (n) (ibhulukwe, amabhulukwe), trousers.

-**bhungane** (n) (ibhungane, amabhungane), beetle.

bhunguka (v), abandon one's home.

-**bhunguka** (n) (ibhunguka, amabhunguka), one who has abandoned one's home.

-**bhungulu** (n) (imbungulu, izimbungulu), bug.

-**Bhunu** (n) (iBhunu, amaBhunu), Afrikaner; Boer.

-**Bhunu** (n) (isiBhunu), Afrikaans language.

-**bhuqo** (n) (isibhuqo, izibhuqo), harrow.

-**bhuzi** (n) (imbuzi, izimbuzi), goat.

-**bi** (n) (isibi, izibi), rubbish, (rubbish floating on water or air); spot on eyeball.

-**bi** (n) (ububi), evil; ugliness.

-**bi** (adj), ugly; bad; evil.

-**biba** (v) (isibiba, izibiba), permanganate of potash; antidote.

bika (v), report.

-**bika** (n) (ibika, amabika), omen.

bikezela (v), predict, foretell.

-**biki** (n) (umbiki, ababiki), one who makes a report.

-**biko** (n) (umbiko, imibiko), report.

bila (v), boil; ferment.

-**bila** (n) (imbila, izimbila), dassie, rock-rabbit.

-**bili** (a), two.

-**bili** (n) (isibili, izibili), truth; main substance.

bilisa (v), bring to the boil.

-**biliso** (n) (imbiliso, izimbiliso), yeast; ferment.

binda (v), choke by something in the throat.

-**bindi** (n) (isibindi, izibindi), liver; courage; essential part.

bindwa (v), to be choked by something in the throat.

bingelela (v), greet.

-**bingelelo** (n) (isibingelelo, izibingelelo), greetings; welcome.

bisha (v), sink into mud, etc.

-**bishi** (n) (ubishi), bog.

-**bisi** (n) (ubisi), milk.

biya (v), build a fence round.

biyela (v), enclose by means of a fence.

biza (v), call; expensive; price.

bizela (v), dictate, e.g. spelling.

-**bizo** (n) (ibizo, amabizo), name.

-**bizo** (n) (imbizo, izimbizo), gathering of persons summoned (as by chief).

bobabili (pron), both of them.

bobahlanu (pron), all five of them.

bobane (pron), all four of them.

bobathathu (pron), all three of them.

bodwa (pron), they alone.

bohla (v), subside.

-**boko** (n) (umboko, imiboko), trunk of elephant.

-**bokwane** (n) (umbokwane, imibokwane), eel.

bola (v), rot; putrify.

boleka (v), to borrow; to lend.

-**bombo** (n) (umbombo, imibombo), bridge of nose.

-**bomvu** (rel), red.

-**bomvu** (n) (isibomvu, izibomvu), red soil; red ochre.

bona (pron), they; them.

bona (v), see; understand.

bonakala (v), appear; be seen; be visible.

bonana (v), see one another.

bonda (v), stir, as porridge in pot.

-**bonda** (n) (isibonda, izibonda), post; pole.

-**bonda** (n) (ubonda, izimbonda), wall of building.

-**bonelo** (n) (isibonelo, izibonelo), model, example.

bonga (v), give thanks; praise; say grace.

-**bongi** (n) (imbongi, izimbongi), one who chants praises.

-**bongo** (n) (isibongo, izibongo), clan name; surname.

-**bongo** (n) (umbongo, imibongo), gratitude, thanks.

bonisa (v), show; explain; inform.

-**boniso** (n) (isiboniso, iziboniso), sign; signal; signpost; illustration.

bonke (pron), all of them.

bopha (v), tie; bind; arrest; apply the brake.

bophela (v), inspan, harness.

-**boshwa** (n) (isiboshwa, iziboshwa), prisoner.

-**boya** (n) (uboya), animal hair; wool; body hair.

-**bozi** (n) (isibozi, izibozi), something rotten.

bubula (v), moan; groan.

-**bubulo** (n) (umbubulo, imibubulo), moan; groan.

budebuduze (adv), quite close to; nearby.

buhlungu (rel), painful.

buka (v), look at.

bukeka (v), be attractive.

bukela (v), be an onlooker.

-**bukeli** (n) (isibukeli, izibukeli), onlooker; spectator.

bukeza (v), look over again; revise.

-**bukhali** (rel), sharp; greedy.

bukisa (v), exhibit; show off.

-bukiso (n) (umbukiso, imibukiso), exhibition, show.

-buko (n) (isibuko, izibuko), looking glass; spectacles; window pane.

bulala (v), kill; hurt.

bulala (n) (ukuzibulala), suicide.

bulisa (v), greet.

-bululu (n) (ibululu, amabululu), puff-adder.

bumba (v), mould from material such as clay.

-bumba (n) (ibumba, amabumba), clay.

bume (adv), standing upright.

buna (v), wilt; droop.

bunga (v), swarm together; gather together for discussion.

-bungu (n) (isibungu, izibungu), maggot.

-bunu (n) (isibunu, izibunu), vagina feminae.

-bunzi (n) (ibunzi, amabunzi), forehead.

buqamama (adv), a short distance away.

busa (v), rule; enjoy life.

-busheielezi (adv), slippery; smooth.

-busi (n) (umbusi, ababusi), ruler.

busisa (v), to make prosperous; to make happy; to bless.

-busiso (n) (isibusiso, izibusiso), blessing.

-buso (n) (umbuso, imibuso), government; life of ease and comfort.

butha (v), gather together (as rubbish); cause to enter a regiment.

-butho (n) (ibutho, amabutho), member of regiment; regiment; age-set.

-buthuntu (rel), blunt.

buya (v), return.

-buya (n) (ibuya, amabuya), tide; backwash of wave.

buyisa (v), cause to return; restore.

buyisela (v), restore to, return to.

buza (v), ask a question.

-buzo (n) (umbuzo, imibuzo), question.

C

-caba (n) (umcaba, imicaba), crushed cooked mealies.

cabanga (v), think; suppose.

-cabango (n) (ucabango), solar plexus.

-cabango (n) (umcabango, imicabango), thought.

-cabha (n) (isicabha, izicabha), door; door of hut.

-cabu (n) (isicabu, izicabu), spider.

-cabucabu (n) (isicabucabu, izicabucabu), caterpillar.

caka (v), whitewash.

-cako (n) (umcako, imicako), lime; whitewash.

-cala (n) (icala, amacala), offence, fault; charge; side, edge.

cambalala (v), lie down.

camela (v), rest head on (as a pillow).

-camelo (n) (isicamelo, izicamelo; umcamelo, imicamelo), head rest; pillow.

canda (v), chop into pieces; chop wood.

-cansi (n) (icansi, amacansi), rush mat.

canuka (v), be disgusted.

canukela (v), take offence at.

caphuna (v), take handful; take ladleful.

casha (v), hide; conceal oneself.

-cashazi (n) (icashazi, amacashazi), spot; mark; dot.

casuka (v), become nauseated; be disgusted.

cathama (v), stand on tip-toe.

cathula (v), toddle; learn to walk.

-cathulo (n) (isicathulo, izicathulo), shoe; boot.

caza (v), explain, separate (into portions).

cazulula (v), untie; unravel; disentangle.

ceba (v), report someone; invent; be rich.

-cebi (n) (isicebi, izicebi), rich person.

-cebo (n) (icebo, amacebo), plan, scheme; falsehood.

-cebo (n) (umcebo, imicebo), riches, wealth.

ceka (v), cut down needlessly; destroy ruthlessly.

cela (v), request.

-celemba (n) (ucelemba, ocelemba), cane-knife.

-celo (n) (isicelo, izicelo), request.

-cembe (n) (icembe, amacembe), blade of leaf.

centa (v), hoe, to remove grass or weeds.

-cezu (n) (ucezu, izingcezu), slice; fragment.

cha' (interj), no!

chabo (interj), no.

chacha (v), be clear; be evident.

-chakide (n) (uchakide, ochakide), mongoose.

-chalaha (n), (ichalaha, amachalaha), male dog.

chama (v), urinate.

chambusa (v), make a hole in; cut open.

chamusela (v), hatch.

chasisa (v), explain.

-chasiso (n) (isichasiso, izichasiso), explanation.

chatha (v), administer an enema.

chathaza (v), pour out.

chaza (v), explain; define.

-chazelo (n) (incazelo, izincazelo), explanation.

chela (v), sprinkle; water (as plants).

chezuka (v), branch off; deviate.

chibela (v), put on a patch.

-chibi (n) (ichibi, amachibi); pond.

-chibi (n) (isichibi, izichibi), smal pool of water; patch on garment.

chichima (v), overflow (as from a container).

-chide (n) (ichide, amachide), one-eyed person.

chiliza (v), push aside.

-chilo (n) (umchilo, imichilo), riem, thong.

chitha (v), spill; throw away.

chitheka (v), be spilled; be thrown away; disperse.

-choko (n) (uchoko), leprosy.

-chopho (n) (ubuchopho), brains.

chuma (v), prosper; bear abundantly (as crops); multiply (as stock); be meek.

chusha (v), worm a way through; go through (e.g. fence).

-chwe (n) (isichwe, izichwe), dwarf; Bushman.

-chweba (n) (ichweba, amachweba), lake; lagoon.

chwensa (v), be impudent; be lacking in respect.

-chwepheshe (n) (uchwepheshe, o-chwepheshe), expert; adept.

-cici (n) (icici, amacici), ear ornament.

cija (v), sharpen.

-cikicane (n) (ucikicane, ocikicane), small finger of hand.

-ciko (n) (iciko, amaciko), person gifted in speech or singing.

-cilongo (n) (icilongo, amacilongo), trumpet.

cima (v), put out fire; quench.

-cimbi (n) (icimbi, amacimbi), edible caterpillar.

cimeza (v), close eyes.

cinana (v), be crowded together.

cindezela (v), press upon; press against.

cinga (v), search for.

-cingo (n) (ucingo, izincingo), wire; fence; telegram; telephone.

cisha (v), put out fire; extinguish light.

cishe (conj), almost.

cobela (v), fill a pipe (for smoking).

cobelela (v), give a little tobacco; give a pinch of snuff.

-coco (n) (isicoco, izicoco), head-ring.

consa (v), drip.

cosha (v), pick up.

cula (v), sing.

culisa (v), conduct a choir.

-culo (n) (iculo, amaculo), song, hymn, hymn book.

-culo (n) (umculo), singing.

cunuka (v), be offended; be nauseated.

cupha (v), set a trap.

-cupho (n) (isicupho, izicupho), trap.

cwaninga (v), consider minute detail.

cwayiza (v), blink.

cweba (v), become clear (as a liquid).

cwebezela (v), glitter.

cwecwa (v), peel.

-cwecwe (n) (ucwecwe, izingcwecwe), thin piece of anything.

cwenga (v), strain; filter; separate.

cwila (v), sink under.

cwilisa (v), immerse in water.

cwiya (v), cut off portions of body (as for purposes of witchcraft).

D

-daba (n) (indaba, izindaba), affair; topic for discussion; story.

-daba (n) (udaba, izindaba), serious affair.

-dabu (n) (umdabu), origin.

dabuka (v), be torn or cracked; be grieved; originate.

dabula (v), tear; split.

-dabuli (n) (umdabuli, abadabuli), surveyor.

-dabulibhayi (n) (udabulibhayi, odabulibhayi), permanganate of potash.

-dada (n) (idada, amadada), duck.

-dade (n) (udade, odade), sister.

-dadewabo (n) (udadewabo, odadewabo), their sister; his/her sister.

-dadewenu (n) (udadewenu, odadewenu), your sister.

-dadewethu (n) (udadewethu, odadewethu), my/our sister.

daka (v), intoxicate; make conceited.

-daka (n) (udaka), mud; mortar for building.

dakisa (v), render intoxicated.

dakwa (v), be drunk; be intoxicated.

-dakwa (n) (isidakwa, izidakwa), drunkard.

dala (v), cause to be; bring into being.

-dala (adj), old; aged.

-dala (n) (ubudala), old age.

-dali (n) (indali, izindali), sale, auction sale.

-Dali (n) (uMdali), Creator.

dalula (v), expose, betray.

-dalwa (n) (isidalwa, izidalwa), deformed person; creature.

damba (v), subside.

dambisa (v), cause to subside.

-damu (n) (idamu, amadamu), dam.

-dandatho (n) (indandatho, izindandatho), ring for finger.

dangala (v), become weary; become dejected.

dangalaza (v), stand with legs astride.

-danso (n) (umdanso, imidanso), European dances.

-dayimani (n) (jdayimani, amadayimani), diamond.

dazuluka (v), shout loudly; scream.

-de (n) (ubude), length, height.

-debe (n) udebe, izindebe), lip.

deda (v), move out of the way.

dedelana (v), get out of each other's way.

dedengu (adv), carelessly.

deduka (v), move out of-the way.

deka (v), lay the table, tray, etc.

dela (v), be satisfied, be convinced; abandon.

-dela (n) (amadela), abattoir.

delela (v), act contemptuously; despise; be insolent.

-delelo (n) (indelelo), insubordination, disobedience, insolence.

-denga (n) (isidenga, izidenga), lazy slothful person.

-dengezi (n) (udengezi, izindengezi), broken piece of pottery.

-devu (n) (idevu, amadevu), moustache.

-devu (n) (udevu, izindevu), whiskers of animal.

-dibilishi (n) (indibilishi, izindibilishi) penny.

dida (v), confuse.

-dida (n) (indida, izindida), puzzle; riddle.

-didi (n) (umdidi, imididi), rectum.

-dididi (n) (isidididi, izidididi), disturbance, confusion.

didiyela (v), place together in one heap.

-dikimba (n) (indikimba), essential part; theme.

-dikiselo (n) (isidikiselo, izidikiselo), lid, pot lid.

dikiza (v), tremble; twitch.

-dili (n) (idili, amadili), feast.

dilika (v), fall down; fall to pieces.

-dilinga (n) (indilinga, izindilinga), circle; round object.

diliza (v), cause to fall down; cause to fall to pieces.

-dimoni (n) (idimoni, amadimoni), demon.

dina (v), tire; be irksome.

dinda (v), thrash; beat severely.

dindiliza (v), lie exposed; lie stretched out (as a dead body).

dinga (v), need; require.

dingeka (v), be needed, be necessary.

dingilizi (n) (indingilizi, izindingilizi), circle; rounded object.

dingisa (v), banish.

dinwa (v), get tired.

dishi (n) (indishi, izindishi), dish.

-diva (n) (indiva, izindiva), something of no value.

-dixa (n) (idixa, amadixa), dirty person.

-diye (n) (idiye, amadiye), solitary locust.

dla (v), eat; confiscate.

-dla (n) (ukudla), food.

-dlabha (n) (idlabha, amadlabha), untidy person.

-dladla (n) (isidladla, izidladla), paw of animal; prints of paws of an animal.

-dlakudla (n) (isidlakudla, izidlakudla), glutton.

dlala (v), play.

-dlali (n) (umdlali, abadlali), player.

-dlalifa (n) (indlalifa, izindlalifa), heir.

dlalisa (v), amuse; play with.

-dlalo (n) (umdlalo, imidlalo), play; game.

-dlambi (n) (idlambi, amadlambi), wave.

-dlambi (n) (umdlambi, imidlambi), foam on sea water.

-dlandla (n) (umdlandla), enthusiasm, keenness.

-dlangala (n) (idlangala, amadlangala), temporary shelter, as for war party of herd boys.

-dlawu (n) (udlawu, izindlawu), pliers.

-dlazi (n) (indlazi, izindlazi), mouse bird.

-dlebe (n) (indlebe, izindlebe), ear.

-dlebe (n) (udlebe), keen sense of hearing.

dleka (v), be fit to eat, edible; be eaten away, wear off.

-dleke (n) (isidleke, izidleke), nest.

-dlela (n) (indlela, izindlela), path; road; way.

-dlelo (n) (idlelo, amadlelo), pasture.

-dlelwane (n) (ubudlelwane), friendship.

-dlinzo (n) (umdlinzo, imidlinzo), expectation; secret thoughts.

-dlo (n) (isidlo, izidlo), feast.

-dlovu (n) (indlovu, izindlovu), elephant.

-dlovudawane (n) (indlovudawane, izindlovudawane), warthog.

-dlovuyangena (n) (indlovuyangena), violent action; hooliganism.

-dlozi (n) (idlozi, amadlozi), Zulu conception of human spirit after death.

-dlubu (n) (udlubu, izindlubu), ground bean.

dlula (v), pass by; pass over.

-dlulamithi (n), indlulamithi, izindlulamithi), giraffe.

dluleia (v), pass on towards.

-dlungandlebe (n) (idlungandlebe, amadlungandlebe), pig headed person; one who refuses advice.

dlwengula (v), rape.

doba (v), fish.

-dobi (n) (umdobi, abadobi), fisherman.

-dobo (n) (udobo, izindobo), fishing rod; fishing hooks.

-doda (n) (indoda, amadoda), man; husband.

-doda (n) (ubudoda), manhood, manliness.

-dodakazi (n) (indodakazi, amadodakazi), daughter.

-dodana (n) (indodana, amadodana), son.

-dojeyana (n) (indojeyana, amadojeyana), man of no account; worthless fellow.

-dokotela (n) (udokotela, odokotela), doctor.

-dokwe (n) (idokwe), sour porridge.

-dolo (n) (idolo, amadolo), knee.

-dolobha (n) (idolobha, amadolobha), town.

-dololwane (n) (indololwane, izindololwane), elbow.

-dombolo (n) (idombolo, amadombolo), dumpling.

-dondolo (n) (udondolo, izindondolo), long staff used as walking stick by older people.

-donga (n) (udonga, izindonga), donga; washed out waterway; wall of house.

donsa (v), pull.

-dosi (n) (udosi, izindosi), sting of bee.

-dube (n) (idube, amadube), zebra.

dubula (v), shoot.

duda (v), encourage in wrong doing.

dudula (v), push away.

-dudumela (n) (indudumela), trembling.

duduza (v), comfort.

-duduzi (n) (umduduzi, abaduduzi), comforter.

-duduzo (n) (induduzo), comfort.

duka (v), go astray; be wrong.

-duku (n) (iduku, amaduku), flag; handkerchief; piece of cloth.

-duku (n) (induku, izinduku), stick.

dukuza (v), walk about as though lost; wander about as in a dense forest.

dula (v), be costly.

-duli (n) (isiduli, iziduli), ant-heap.

duma (v), thunder; be well known; be tasteless, insipid.

-duma (rel), tasteless.

dumala (v), (be dejected; be disappointed.

-dumba (n) (ukudumba), inflammation.

-dumbe (n) (idumbe, amadumbe), edible tuber of the dumbe plant; palsy.

dumela (v), attack; spring upon.

-dumile (adj), famous.

-dumo (n) (udumo), fame, renown.

-duna (n) (iduna, amaduna), male (of animals).

-duna (n) (induna, izinduna), headman; pimple.

-dunduma (n) (indunduma, izindunduma), large mound, slag dump (mines).

dunga (v), stir up mud; cause a liquid to be cloudy.

-dwa (pron), only; ngedwa (I alone); sodwa (we alone); wedwa (you alone), etc.

-dwa (n) (umudwa, imidwa), line.

-dwaba (n) (isidwaba, izidwaba), leather skirt worn by married women.

-dwala (n) (idwala, amadwala), large rock.

-dwangu (n) (indwangu, izindwangu), cloth.

-dwani (n) (udwani, izindwani), blade of grass.

dweba (v), draw a line; make a drawing.

-dwedwe (n) (isidwedwe, izidwedwe), old piece of cloth; old and much worn garment.

dwengula (v), tear up (as cloth).

E

eba (v), steal.

-ebu (n) (ulwebu), spider's web.

ebula (v), remove the skin or bark.

-ebulo (n) (ulwebulo), outer skin.

ebusika (adv), in Winter time.

ebusuku (adv), at night time.

ebuza (v), cast the skin.

-ebuzo (n) (ulwebuzo, umebuzo), cast skin.

eceleni (adv), at the side.

edlula (v), pass by; surpass.

eduka (v), stray.

edusa (v), mislead.

eduzana (adv), near by.

eduze (adv), near.

efuza (v), resemble.

ehla (v), descend.

ehlakalo (n) isehlakalo, izehlakalo), event; happening.

ehlane (adv), in uninhabited dry parts of the country; in the wilderness.

ehlika (v), get down; climb down.

ehlisa (v), cause to come down; bring down; humiliate.

-ehlo (n) (isehlo, izehlo), event, happening; omen.

ehlobo (adv), in Summer time.

ehlombe (adv), on the shoulder.

ehluka (v), differ from.

ehlukana (v), part from one another.

ehlukanisa (v), separate.

-ehlukaniso (n) (isehlukaniso, izehlukaniso), separation; divorce.

-ehluko (n) (umehluko, imehluko), difference.

ehlula (v), defeat; overcome.

ehluleka (v), be defeated; be overcome.

ejwayela (v), become accustomed to.

ejwayeza (v), make familiar with.

ekhanda (adv), on the head.

ekhaya (adv), at home.

ekhohlo (adv), on the left side; the hut on the left side of the kraal.

ekugcineni (adv), at the end; finally.

ekuqaleni (adv), at the commencement.

ekuseni (adv), in the morning.

ekwindla (adv), during Autumn.

ela (v), to roll something along; to winnow grain.

elakhe (pron), his; hers.

elakho (pron), yours.

elama (v), follow in order of age or rank.

elamana (v), follow one another in order of age or rank.

elamela (v), see unexpectedly.

elami (pron), mine.

elapha (v), cure; treat medicinally.

elaso (pron), his; hers.

elazo (pron), theirs.

elekelela (v), help; assist.

-elekeleli (n) (umelekeleli, abelekeleli), helper.

elenu (pron), yours.

elethu (pron), ours.

elokhu (conj), ever since.

eluka (v), weave, plait; knit; go out to graze (stock).

elula (v), stretch out; elongate.

eluleka (v), advise, counsel.

elusa (v), herd (stock); take care of (people).

elwandle (adv), at or on the sea.

emahlombe (adv), on the shoulders.

emandulo (adv), in ancient times.

embatha (v), wear; cover one's body.

-embatho (n) (isembatho, izembatho), clothes.

embesa (v), cover (as with blanket).

-embeso (n) (isembeso, izembeso), covering, as cloth or rug.

embula (v), remove covering.

emhlane (adv), on the back.

emini (adv), during daylight.

emnyango (adv), in the doorway; outside.

empumalanga (adv), in the East.

emsamo (adv), at the back of hut.

emuka (v), deprive, take away; go away.

emukela (v), receive.

emuva (adv), at the back; behind.

enama (v), be contented; be happy.

enana (v), exchange.

enanezela (v), add to.

encika (v), lean against.

enda (v), marry.

endlala (v), lay out flat, as in making a bed.

endle (adv), out in the veld.

endlini (adv), in the house.

endulo (adv), in olden times; long, long ago.

eneka (v), spread out.

enela (v), satisfy.

engama (v), overhang; lean over; overshadow.

engeza (v), add on to.

engula (v), skim off; remove scum.

enhla (adv), above; higher up.

eningizimu (adv), in the South.

enqaba (v), refuse; decline.

enqaka (v), catch.

enqena (v), not wish to do; be lazy.

entshonalanga (adv), in the West.

enwaya (v), scratch (as an itchy place).

enyakatho (adv), in the North.

enyanya (v), dislike; be nauseated by.

enyela (v), sprain; get sprained.

-enyelo (n) (isenyelo, izenyelo), sprain, dislocation.

enyuka (v), go upwards.

enyusa (v), take up to a higher place; promote.

enza (v), do; make.

enzakala (v), happen; get done.

enzansi (adv), lower down.

-enzi (n) (umenzi, abenzi), doer.

-enzo (n) (isenzo, izenzo), deed.

ephuca (v), take away.

ephuka (v), become broken.

ephula (v), break; take pot off the fire.

ephuza (v), be slow.

eqa (v), jump; run away; (**eqa umthetho**), break the law.

eqela (v), turn back (as wandering cattle).

esaba (v), fear.

esabeka (v), be fearful; be frightening.

sabo (pron), theirs.

esakhe (pron), his; hers.

esakho (pron), yours.

esami (pron), mine.

esasa (v), be happy.

eshela (v), woo.

esula (v), wipe.

esutha (v), be satisfied.

etha (v), name; pour through funnel or into vessel with small aperture; administer an enema; narrate.

ethuka (v), be surprised; be startled; to swear.

ethula (v), take down, off load; introduce.

ethusa (v), startle, frighten.

etshisa (v), chew the cud.

eva (v), exceed.

ewuka (v), go down; descend.

eyabo (pron), theirs.

eyakhe (pron), his; hers.

eyakho (pron), yours.

eyami (pron), mine.

eyenu (pron), yours.

eyethu (pron), ours.

eyisa (v), be insolent.

ezabo (pron), theirs.

ezakhe (pron), his; hers.

ezakho (pron), yours.

ezami (pron), mine.

ezansi (adv), at a lower place.

ezawo (pron), theirs.

ezayo (pron), theirs.

ezazo (pron), theirs.

ezenu (pron), yours.

ezethu (pron), ours.

F

-fa (n) (ifa, amafa), estate; property.

-fa (v), die.

-fa (n) (ukufa), death, sickness.

-fa (n) (ulufa, izimfa), crack, fissure.

-faca (n) (isifaca, izifaca), dimple; dent.

facaza (v), press in; break.

fafaza (v), sprinkle.

faka (v), put in; put on; put around.

fakaza (v), give evidence; bear witness.

-fakazi (n) (ubufakazi), evidence.

-fakazi (n) (ufakazi, ofakazi), one who gives witness.

fana (v), be like; resemble.

-fana (n) (umfana, abafana), boy.

fanekisa (v), liken.

-fanekiso (n) (umfanekiso, imifanekiso), picture; likeness.

fanela (v), be suitable.

-fantu (n), umfantu, imifantu, crack; crevice.

-fanyana (n) (umfanyana, abafanyana), small boy.

-fasimbe (n) (ufasimbe), haze.

-fasitele (n) (ifasitele, amafasitele), window.

-fazane (n) (isifazane), female; women folk.

-fazi (n) (umfazi, abafazi), married woman; wife.

-fe (n) (imfe), sweet cane; sweet sorghum.

-fe (n) (isife, izife), bird trap; garden plot.

-febe (n) (isifebe, izifebe), prostitute.

-febe (n) (ubufebe), prostitution.

-fehlane (n) (ufehlane), rheumatism.

fela (v), spit.

-felwakazi (n) (umfelwakazi, abafelwakazi), window.

-fene (n) (imfene, izimfene), baboon.

-fengqo (n) (isifengqo, izifengqo), nickname: shortened name.

-**fenya** (n) (ifenya, amafenya), alluvial soil.

-**fesane** (n) (isifesane, izifesane), whitlow.

feza (v), complete.

-**fezela** (n), (ufezela, ofezela), scorpion.

-**fezi** (n) (imfezi, izimfezi), type of spitting water snake.

fica (v), overtake.

fihla (v), hide; bury; inter.

-**fihlakalo** (n) (imfihlakalo, izimfihlakalo), mystery; something concealed.

-**fihlo** (n) (imfihlo, izimfihlo), secret.

fika (v), come; reach.

-**fiki** (n) (isifiki, izifiki), newcomer.

-**filiji** (n) (imfiliji, izimfiliji), mouth organ.

finda (v), tie a knot.

-**findo** (n) (ifindo, amafindo), knot.

fingqa (v), contract; abbreviate.

fingqana (v), contract; draw in.

-**fino** (n) (umfino, imifino), greens; vegetables.

finya (v), blow the nose.

finyela (v), contract, draw together.

finyelela (v), reach to; arrive at.

finyeza (v), abbreviate; draw together, shorten.

-**finyila** (n) (amafinyila), mucus from nose.

fiphala (v), be obscure; become dull.

fiphaza (v), make obscure; make dull.

fisa (v), desire; covet.

-**fiva** (n) (imfiva, izimfiva), fever.

-**fiso** (n) (isifiso, izifiso), desire, wish, longing.

-**fo** (n) (isifo, izifo), disease, sickness.

-**fo** (n) (umufo, abafo), man, fellow, stranger: (in compound forms; brother, umfowenu, umfowabo).

fohla (v), trespass; break through.

-**fokazana** (n) (umfokazana, abafokazana), person of no account.

-**fokazi** (n) (umfokazi, abafokazi), unimportant strangers.

-**fokothi** (n) (ufokothi, izimfokothi), fontanelle on infant's head.

fola (v), bow, bend over; stand in ranks.

-**foliji** (ifolishi) (n) (ifoliji, amafoliji), forage.

-**folomane** (n) (imfolomane, izimfolomane), foreman.

-**fosholo** (n) (ifosholo, amafosholo), spade.

-**fosi** (n) (ifosi, amafosi), small leather thong.

-**fowabo** (n) (umfowabo, abafowabo), his brother; her brother; their brother.

-**fowenu** (n) (umfowenu, abafowenu), your brother.

-**fowethu** (n) (umfowethu, abafowethu), my/our brother.

-**fu** (n) (ifu, amafu), cloud.

-**fuba** (n) (isifuba, izifuba), chest; private affair.

-**fudu** (n) (ufudu, izimfudu), tortoise.

fudumala (v), become warm.

fudumeza (v), make warm.

fukamela (v), hatch eggs; sit on eggs (as hen).

-**fuku** (n) (ifuku, amafuku), place overgrown by grass and weeds; rubbish heap; hovel.

fukula (v), lift up.

fukutha (v), eat raw, as meat.

fula (v), gather fresh food from the fields.

-**fula** (n) (umfula, imifula), river.

-**fulaha** (n) (ifulaha, amafulaha), load (as waggon load).

fulathela (v), turn back upon; forsake.

-**fulawa** (n) (ufulawa, ofulawa), flour.

fulela (v), put on the roof; thatch.

fumana (v), find; ascertain; catch up to.

fumbatha (v), enclose in the hand.

fumbathisa (v), bribe.

-fumbu (n) (isifumbu, izifumbu), hump-backed person.

funa (v), search for; want; desire.

funda (v), learn; read.

-funda (n) (isifunda, izifunda), locality; district.

-fundi (n) (umfundi, abafundi), learner; reader.

fundisa (v), teach.

-fundisi (n) (umfundisi, abafundisi), minister of religion; teacher.

-fundo (n) (imfundo), knowledge; learning.

-fundo (n) (isifundo, izifundo), lesson.

funeka (v), be sought after.

funga (v), take an oath.

-fungo (n) (isifungo, izifungo), oath.

-funkulu (n) (umfunkulu, imifunkulu), spinal cord.

funza (v), feed (as an infant).

fuqa (v), push.

-fushane (a), short.

-fusi (n) (ifusi, amafusi), fallow land.

futha (v), blow; spit at (as a spitting snake) speak in an angry manner; throb (pain).

-futha (n) (amafutha), fat, oil.

futhelana (v), be suffocated, stifled.

futhi (adv), again.

futhifuthi (adv), repeatedly.

-futho (n) (isifutho, izifutho), pump.

fuya (v), keep animals (as a farmer).

-fuyo (n) (imfuyo, izimfuyo), possessions.

fuza (v), resemble.

-fuzo (n) (ufuzo), resemblance; heredity.

G

gaba (v), to pride oneself.

-gaba (n) (isigaba, izigaba), section; part of portion; standard (school).

-gabade (n) (igabade, amagabade), clod of earth.

gabaza (v), to brag about.

-gabha (n) (igabha, amagabha), bottle.

gabisa (v), to pride oneself about; to be conceited about.

-gade (n) (igade, amagade), clod of earth.

gadi (n) (ingadi, izingadi), garden.

gagasi (n) (igagasi, amagagasi), wave (of sea).

gagu (n) (igagu, amagagu), expert orator or musician.

-gagu (n) (ubugagu) expertness at public speaking or singing.

-galani (n) (igalani, amagalani), gallon.

-galikuni (n) (igalikuni, amagalikuni), turkey.

-galo (n) (ingalo, izingalo), arm.

-galo (n) (ugalo, izingalo), ability to do something well.

-gama (n) (igama, amagama), name; letter of alphabet; song.

-gameko (n) (isigameko, izigameko), omen; incident.

-gampokwe (n) (ugampokwe, ogampokwe), cotton plant; cotton wool.

-gamthilini (n) (ugamthilini, ogamthilini), gum tree; eucalyptus.

gana (v), to marry.

-ganandela (n) (uganandela oganandela), granadilla.

-gandaganda (n) (ugandaganda, ogandaganda), tractor; steam roller.

gandaya (v), stamp down; lay a hard earthen floor.

ganga (v), be naughty (of children); do wrong (of adults).

-gange (n) (ugange), hedge.

-gangi (n) (isigangi, izigangi), wrong doer; mischievous person.

-gankla (n) (umgankla, imigankla), koodoo.

gaqa (v), crawl on hands and knees.

-gatsha (n) (igatsha, amagatsha), branch.

gawula (v), chop down.

gaxa (v), hang on; hang over; tie round.

-gaxa (n) (isigaxa, izigaxa), lump.

gaya (v), grind.

-gazi (n) (igazi, amagazi), blood.

-gazi (n) (ugazi), strong personality.

gazinga (v), grill; roast.

gcaba (v), vaccinate.

-gcabo (n) (umgcabo, imigcabo), vaccination.

gcagca (v), marry by customary rites.

-gcagco (n) (umgcagco, imigcagco), marriage dance.

-gcawu (n) (isigcawu, izigcawu), open air meeting place; act in a play.

-gceke (n) (igceke, amagceke), open cleared piece of ground; the kraal yard.

gcina (v), come to an end; take care of.

-gciwane (n) (igciwane, amagciwane), small particles floating in the air; germs.

gcizelela (v), emphasise; repeat.

gcoba (v), smear with fat or grease; annoint in biblical sense.

gculisa (v), satisfy.

gcwala (v), become full.

gcwalisa (v), make full; fill up.

-gebe (n) (ingebe, izingebe), shot gun.

-gebengu (n) (isigebengu, izigebengu), robber, evil person.

-gebhe (n) (ingebhe), great fear.

-gebhezi (n) (ugebhezi, izingebhezi), skull; part of broken pot or gourd; egg with contents drained out.

-gede (n) (umgede, imigede), cave.

gedla (v), gnash the teeth.

geja (v), miss the mark.

-geja (n) (igeja, amageja), hoe, plough.

-gele (n) (isigele, izigele), senator; councillor.

geleza (v), flow.

genca (v), cut or chop down.

geqa (v), clean out completely.

-gesi (n) (igesi, amagesi), gas.

-gesi (n) (ugesi), electricity.

-gexo (n) (umgexo, imigexo), necklace.

geza (v), wash; menstruate (euphemism).

-gibe (ugibe, izingibe), loop snare for small game.

gibela (v), ride (as on a horse).

gida (v), dance.

-gidi (n) (isigidi, izigidi), a very large number; million.

-gidigidi (n) (igidigidi, izigidigidi), absurd happening; hearty laughter.

-gidigidi (n) (izigidigidi), used to express countless numbers.

-gidingo (n) (umgidingo, imigidingo), ceremony.

-gido (n) (umgido, imigido), dance.

-gigaba (n) (isigigaba, izigigaba), momentous affair.

gigitheka (v), giggle.

gijima (v), run.

-gijimi (n) (isigijimi, izigijimi), messenger; runner.

gila (v), to trick; to act (in an unusual or evil way).

-gila (n) (ingila, izingila), gizzard.

-gilamafoni (n) (igilamafoni, amagilamafoni), gramophone.

-gilazi (n) (ingilazi, izingilazi), glass pane; glass tumbler.

-gilebhisi (n) (igilebhisi, amagilebhisi), grapes.

-gilo (n) (igilo, amagilo), larynx.

-gingci (n) (isigingci, izigingci), guitar.

gingqa (v), roll; turn over.

-gini (n) (ingini, izingini), person with a limb amputated.

gininda (v), amputate; cut off.

giya (v), dance (male).

goba (v), bend.

-gobe (n) (ugobe, izingobe), conspiracy, secret murder plot.

gobhoza (v), flow (as water over stones).

-gobolondo (n) (igobolondo, amagobolondo), shell; outer hard covering.

-godi (n) (igodi, amagodi), open grave.

-godi (n) (isigodi, izigodi), district; shallow valley.

-godi (n) (umgodi, imigodi), hole.

godla (v), hide; hold back.

-godla (n) (umgodla, imigodla), woven or leather bag.

-godlo (n) (isigodlo, izigodlo), part of the royal kraal reserved for the king's women; the king's women.

-godo (n) (isigodo, izigodo), pole; log.

godola (v), be cold; feel cold.

-godoyi (n) (umgodoyi, imigodoyi), mongrel.

goduka (v), go away; go home; die.

-gogo (n) (ugogo, ogogo), grandmother.

gogodla (n) (umgogodla, imigogodla), backbone.

-gogogo (n) (igogogo, amagogogo), paraffin tin.

gojela (v), gulp down; swallow at a gulp; finish off quickly.

gola (v), catch by hand (as a locust).

-golide (n) (igolide), gold.

-gologo (n) (ugologo, ogologo), spirits; liquor.

goloza (v), stare.

goma (v), administer preventive medicine; take an oath.

-gomazi (n), (igomazi, amagomazi), leggings.

gomela (v), take an oath for; administer preventive medicine for.

gona (v), hug; embrace.

-gongolo (n) (ugongolo, izingongolo), long heavy pole.

-gongoni (n) (ingongoni, izingongoni) hard grasses (aristida family).

-gono (n) (ingono, izingono), nipple of breast; stem of pumpkin or other fruit.

goqa (v), roll up (as a mat).

-goqo (n) (ugoqo, izingoqo), bar or pole used for closing door or gate.

goqoza (v), stir.

-gosa (n) (igosa, amagosa), King's messenger; elder of Church.

-gotshwa (n) (igotshwa, amagotshwa) folding knife.

govuza (v), stir.

-gqabi (n) (igqabi, amagqabi), leaf.

gqabuka (v), be torn off.

gqakaza (v), grind coarsely (as mealies).

-gqakazo (n) (umgqakazo, imigqakazo), coarsely crushed mealies.

gqama (v), be clearly visible; bold.

gqiba (v), bury; cover up.

-gqili (n) (isigqili, izigqili), slave.

-gqili (n) (ubugqili), slavery.

gqisha (v), press down; ram down.

gqoka (v), wear; be clothed.

-gqoko (n) (isigqoko, izigqoko), hat.

gqolozela (v), stare at.

-gquma (n) (igquma, amagquma), dune, hillock.

-gqumgqumu (n) (ugqumgqumu, ogqumgqumu), gooseberry.

-gu (n) (ugu, izingu), coast; edge of river or sea.

gubha (v), dig out; hollow out.

-gubhu (n) (isigubhu, izigubhu), drum (musical); calabash used as a container.

-gubhu (n) (ugubhu, izingubhu), organ (musical instrument).

gudla (v), to file; to rasp.

-gudlo (n) (isigudlo, izigudlo), file; rasp.

gudluka (v), move oneself to one side.

gudluza (v), to move aside; to file or rasp.

-gudu (n) (igudu, amagudu), horn pipe for smoking (insangu) hemp.

-gudu (n) (umgudu, imigudu), track (as of animals).

guga (v), grow old.

-gugu (n) (igugu, amagugu), prized object.

gula (v), be ill; become ill.

-gula (n) (igula, amagula), calabash in which milk is left to turn sour.

-guli (n) (isiguli, iziguli), sick person.

-gulukudu (n) (umgulukudu, imigulukudu), rogue; outlaw.

-gumbi (n) (igumbi, amagumbi), corner of room; hollowed out place in a sand bank.

gunda (v), shear; cut (hair).

-gundane (n) (igundane, amagundane), rat.

-gunya (n) (igunya, amagunya), authority.

guqa (v), kneel down.

-guqa (n) (isiguqa, iziguqa), thick set man.

guqubala (v), become overcast; become cloudy.

guquka (v), change; turn over.

-gusha (n) (igusha, amagusha), merino sheep.

-gwababa (n) (igwababa, amagwababa), white-necked raven.

-gwadule (n) (ugwadule, izingwadule), desert.

-gwala (n) (igwala, amagwala), coward.

-gwala (n) (ubugwala), cowardice.

-gwaqo (n) (umgwaqo, imigwaqo), road.

-gwava (n) (ugwava, ogwava), guava.

-gwayi (n) (ugwayi), tobacco; snuff.

gwaza (v), stab.

gweba (v), give a ruling; pass judgement.

-gwebo (n) (isigwebo, izigwebo), decision; judgement.

-gwebu (n) (igwebu, amagwebu), froth; bubble.

gweda (v), hollow out (as wooden spoon).

gwedla (v), row; paddle a boat.

-gwedlo (n) (isigwedlo, izigwedlo), oar; paddle; fin.

-gwedo (n) (isigwedo, izigwedo), curved knife for scooping out wood; gouge.

-gwegwe (n) (isigwegwe, izigwegwe), a crooked thing.

gwema (v), avoid.

-gwenya (n) (ingwenya, izingwenya), crocodile.

-gwili (n) (isigwili, izigwili), prosperous person.

gwinciza (v), twist and turn about.

gwinya (v), swallow.

-gxala (n) (umgxala, imigxala), crow bar.

gxila (v), be firm; take firm root.

gxoba (v), crush; stamp; trample.

-gxolo (n) (igxolo, amagxolo), bark.

gxuma (v), jump; leap.

gxumeka (v), place firmly in the earth.

H

habe (interj), expressing surprise; expressing reproof.

-habhula (n) (ihabhula, amahabhula), apple.

habula (v), to take a sip.

haka (v), hook on; hitch on.

-hala (n) (uhala, ohala), cotton thread.

hala (v), rake; harrow.

-hala (n) (ihala, amahala), rake.
halalisa (v), applaud.
hamba (v), walk, go, travel.
hambela (v), visit.
-hambi (n) (isihambi, izihambi), traveller.
hambisa (v), cause to go away.
hambisana (v), accompany.
-hambo (n) (inkambo, izinkambo), customary manner of living.
-hambo (n) (uhambo, izinkambo), journey.
hamuka (v) (hwamuka), become dried up.
hanguka (v), be singed; be scorched.
hangula (v), singe; scorch; dry up.
haqa (v), surround.
-hashi (n) (ihashi, amahashi), horse.
hawu (interj), expressing surprise.
-hawu (n) (ihawu, amahawu), shield.
-hawu (n) (umhawu), sympathy; jealousy.
hawukela (v), be envious of; have sympathy for.
haya (v), sing.
hayiza (v), be hysterical (as girls affected by love charms).
-he (n) (isihe), feeling of pity; feeling of concern.
hebeza (v), make a noise to frighten off.
-hedeni (n) (umhedeni, abahedeni), heathen.
hefuzela (v), pant; breathe in a laboured manner.
-hele (n) (ihele, amahele), line of people.
helehele (n) (ihelehele, amahelehele), breeze.
-heleyisi (n) (iheleyisi), mealie-rice.
-hembe (n) (ihembe, amahembe), shirt.
-hemuhemu (n) (ihemuhemu, amahemuhemu), rumour, gossip.
hemuza (v), to spread rumours; to gossip.

-hewu (n) (amahewu), thin fermented porridge.
-hibe (n) (isihibe, izihibe), slip knot, noose.
-hide (n) (uhide, izihide), long string of articles.
hila (v), choke; trip by means of a rope.
-hintsho (n) (inkintsho, izinkintsho), small handle or loop for holding.
-hla (n) (uhla, izinhla), row; column of figures, etc.
-hla (n) (umuhla, imihla), day.
hlaba (v), stab; slaughter; prick; hurt the feelings.
-hlaba (n) (inhlaba, izinhlaba), small aloe.
-hlaba (n) (umhlaba, imihlaba), large aloe; the earth, land.
-hlabathi (n) (isihlabathi, izihlabathi), sand, sandy soil.
-hlabathi (n) (umhlabathi, imihlabathi), earth; soil.
hlabelela (v), sing.
-hlabelelo (n) (isihlabelelo, izihlabelelo), song.
hlafuna (v), chew.
-hlafuno (n) (inhlafuno, izinhlafuno), zygoma; junction of jaws.
hlahla (v), cut up a carcass into joints.
-hlahla (n) (ihlahla, amahlahla), branch.
-hlahla (n) (isihlahla, izihlahla), tree.
-hlahlo (n) (umhlahlo, imihlahlo), the meeting convened by a witch-doctor for purposes of divination.
-hlaka (n) (inhlaka), gum from trees, resin.
-hlaka (n) (uhlaka, izinhlaka), person who carries medicine bags for a witch-doctor.
-hlakala (n) (isihlakala, izihlakala), wrist.
-hlakani (n) (ubuhlakani), cunning; cleverness.

hlakanipha (v), be clever; be wise; be skilful.

hlakaza (v), scatter; analyse; dismantle.

hlakazeka (v), become dispersed.

hlakula (v), hoe out weeds.

hlala (v), sit; stay; remain.

hlala (n) (ihlala, amahlala), (fruit) monkey orange.

-hlala (n) (umhlala, imihlala), (tree) monkey orange.

-hlali (n) (inhlali, izinhlali), hair, or animal sinew used for sewing.

-hlalo (n) (isihlalo, izihlalo), seat; chair; saddle.

-hlalu (n) (ubuhlalu), beads.

-hlama (n) (inhlama, izinhlama), dough.

hlamba (v), wash; swim.

hlamba (n) (inhlamba), vulgar language; obscene talk.

hlambalaza (v), to insult; to slander.

-hlambi (n) (inhlambi, izinhlambi), expert swimmer.

-hlambi (n) (isihlambi, izihlambi), heavy downpour of rain or shower but of short duration.

-hlambi (n) (umhlambi, imihlambi), flock of birds or sheep; herd of cattle.

-hlambo (n) (ihlambo, amahlambo), purification ceremony, usually an organised hunt.

hlambuluka (v), become clear; become thin (as gruel).

hlambulula (v), rinse in water; cause to become clear; dilute.

-hlamvu (n) (ihlamvu, amahlamvu), small branch; leaf.

-hlamvu (n) (inhlamvu, izinhlamvu), bullet.

-hlamvu (n) (uhlamvu, izinhlamvu), seed, grain; coin.

-hlandla (n) (umhlandla, imihlandla), backbone.

-hlane (n) (ihlane, amahlane), unoccupied land; wild country.

-hlane (n) (umhlane, imihlane), the back (animal or person).

-hlanekela (n) (inhlanekela, izinhlanekela), back of hand (e.g. shaya ngenhlanekela—strike with back of hand.).

hlanekezela (v), invert, turn inside out; misrepresent.

-hlanga (n) (uhlanga, izinhlanga), reed; dry stalk of plant.

-hlanga (n) (umhlanga, imihlanga), reed; bed of reeds.

hlangabeza (v), meet.

hlangabezana (v), meet one another.

hlangana (v), meet; come together; join.

hlanganisa (v), bring together; join together.

-hlangano (n) (umhlangano, imihlangano), meeting.

hlanganyela (v), act together against; combine against.

-hlangothi (n) (uhlangothi, izinhlangothi), side; portion.

-hlangu (n) (inhlangu, izinhlangu), reed buck.

-hlangu (n) (isihlangu, izihlangu), large war shield.

hlanhlatha (v), walk through the veld, not following a path.

-hlanjana (n) (isihlanjana, izihlanjana), small stream.

-hlansi (n) (inhlansi, izinhlansi), spark.

-hlanu (a), five.

-hlanu (n) (isihlanu), five shillings.

hlanya (v), become mad; behave insanely.

-hlanya (n) (uhlanya, izinhlanya), lunatic.

hlanza (v), vomit; clean; purify.

-hlanze (n) (ihlanze, amahlanze), bush veld.

-hlanzi (n) (inhlanzi, izinhlanzi), fish.

hlasela (v), attack; set out to attack.

hlasimula (v), be shocked.

-hlathi (n) (ihlathi, amahlathi), forest; bush.

-hlathi (n) (isihlathi, izihlathi), cheek.

-hlathi (n) (umhlathi, imihlathi), jaw bone; jaw.

-hlava (n) (isihlava, izihlava), mealie stalk borer.

hlawula (v), pay fine.

hlawulisa (v), cause to pay a fine.

-hlawulo (n) (ihlawulo, amahlawulo), fine.

-hlaya (n) (ihlaya, amahlaya), joke.

-hlazane (n) (inhlazane), time of mid-morning milking.

hlaziya (v), examine in detail.

-hlazo (n) (ihlazo, amahlazo), disgraceful event; shame.

-hle (n) (ubuhle), beauty; pleasantness.

-hle (a), pretty; beautiful.

hleba (v), whisper; speak evil of.

hlebeza (v), whisper.

hlehla (v), go back; retire.

hleka (v), laugh.

-hlekisa (n) (inhlekisa, izinhlekisa), something causing amusement.

-hleko (n) (uhleko), laughter.

hlela (v), arrange in order.

-hleli (n) (umhleli, abahleli), one who puts in order; editor.

-hlelo (n) (uhlelo, izinhlelo), arrangement; list; grammar.

hlenga (v), help.

-hlenga (n) (isihlenga, izihlenga), raft.

-hlengi (n) (umhlengi, abahlengi), helper.

hlephuka (v), be broken; have a piece broken off.

hlephula (v), break off a piece.

-hleza (n) (ihleza, amahleza), mealie cob without grain.

-hleza (n) (isihleza, izihleza), beast with broken-off horn or horns.

hleze (conj), lest.

-hlibhi (n) (isihlibhi, izihlibhi), sledge.

hlikiza (v), make untidy; scatter about; disorder.

hlinza (v), remove the skin; operate upon.

hlinzeka (v), prepare food for a visitor.

-hliziyo (n) (inhliziyo, izinhliziyo), heart.

hlobisa (v), decorate; dress up.

-hlobiso (n) (umhlobiso, imihlobiso), decoration.

-hlobo (n) (ihlobo), summer time.

-hlobo (n) (ubuhlobo), friendship; relationship.

-hlobo (n) (umhlobo, abahlobo), friend.

-hlobo (n) (uhlobo, izinhlobo), type; kind.

hlohla (v), push in; load a gun.

-hloko (n) (inhloko, izinhloko), head.

-hloko (n) (isihloko, izihloko), point of sharp or tapering object; heading.

hlokoma (v), come down in spate (river); make a rumbling noise.

hlokoza (v), poke (as fire; snake in hole).

hlola (v), inspect; spy; test.

-hlola (n) (umhlola, imihlola), unexpected event; surprising event.

-hloli (n) (inhloli, izinhloli), spy.

-hloli (n) (umhloli, abahloli), inspector; supervisor.

hloma (v), arm oneself; plunge upright in ground; amass dark clouds.

-hlombe (n) (ihlombe, amahlombe), shoulder.

-hloni (n) (amahloni), shame, bashfulness.

-hloni (n) (izinhloni), bashfulness.

hlonipha (v), act respectfully, honour; Zulu people, particularly women, avoid the use of words which are similar in sound to the names of respected men of the kraal. Other words, known as "hlonipha" words are used in place of these words which are avoided. To speak in this manner is known as "ukuhlonipha".

hlonza (v), become thick; tend to solidify.

-hlonze (n) (uhlonze, izinhlonze), thickness.

hlosa (v), intend to do; aim at doing.

-hloso (n) (inhloso, izinhloso), purpose; aim.

hluba (v), peel off; strip bark; moult.

hlubuka (v), desert; abandon.

hlubula (v), peel; uncover.

-hluku (n) (isihluku), cruelty.

hlula (v), overcome; defeat.

-hlule (n) (ihlule, amahlule), clot of blood.

hluma (v), grow; sprout.

-hlungu (n) (ihlungu, amahlungu), newly burnt place on the veld.

-hlungu (n) (isihlungu, izihlungu), snake venom; poison; snake serum.

-hlungu (n) (ubuhlungu), pain.

hlupha (v), worry.

hlupheka (v), experience hardship; be in trouble.

-hlupho (n) (uhlupho), nuisance; trouble.

hlutha (v), pluck (as feathers).

hluthulela (v), lock.

-hluthulelo (n) (isihluthulelo, izihluthulelo), key; lock.

hluza (v), strain, filter.

hluzi (n) (umhluzi, imihluzi), gravy; soup.

hluzo (n) (ihluzo, amahluzo), strainer; filter.

hlwa (v), become dark (night).

-hlwa (n) (inhlwa, izinhlwa), flying ant.

-hlwa (a) (umuhlwa, imihlwa), termite.

-hlwabusi (n) (inhlwabusi, izinhlwabusi), flying ant.

hlwanyela (v), sow by broadcasting.

-hlwathi (n) (inhlwathi, izinhlwathi), python.

-hlwathi (n) (isihlwathi, izihlwathi), fainting fit; nap, short sleep.

-hlwenga (n) (umhlwenga, imihlwenga), mane.

hlwitha (v), snatch.

hogela (v), smell.

hola (v), draw along, pull; draw wages.

holela (v), pay.

-holi (n) (umholi, abaholi), leader.

-holide (n) (iholide, amaholide), holiday.

-holo (n) (iholo, amaholo), wages; hall.

hona (v), snore.

-hora (n) (ihora, amahora), hour.

hosha (v), pull out; draw out.

-hosha (n) (isihosha, izihosha), kloof, ravine.

-hotela (n) (ihotela, amahotela), hotel.

-hovisi (n) (ihovisi, amahovisi), office.

hoxa (v), withdraw.

huba (v), sing.

hubha (v), chase after; run after.

-hubo (n) (ihubo, amahubo), song.

huda (v), have diarrhoea.

-hudo (n) (isihudo, izihudo), dysentery; diarrhoea.

hudula (v), drag along.

-hume (n) (umhume, imihume), cave.

humusha (v), translate; interpret.

hunga (v), lure.

huqa (v), smear (as with grease or mud).

huzuka (v), become abraded.

-huzuko (n) (umhuzuko, imihuzuko), abrasion.

hwalala (v), become evening; become dusk.

hwamuka (v), evaporate; dry out.

hwaqa (v), frown; scowl.

hweba (v), barter; trade.

hwebi (n) (umhwebi, abahwebi), trader, merchant.

I

-ihlo (n) (ihlo, amehlo), eye.

imbala (adv), really.

imbala (interj), expressing surprise.

impela (adv), truly.

-indla (n) (ukwindla), autumn.

ingani (conj), even though.

isibili (adv), in fact.

-iso (n) (iso, amehlo), eye.

-iva (n) (iva, ameva), thorn.

izolo (adv), yesterday.

J

-ja (n) (inja, izinja), dog.

jabha (v), be disappointed.

jabula (v), be happy; be contented.

jaha (v), chase; gallop; race.

-jaho (n) (umjaho, imijaho), race.

-jaji (n) (ijaji, amajaji), judge.

-jalidi (n) (ijalidi, amajalidi), enclosed yard.

-Jalimane (n) (iJalimane, amaJalimane), German.

-Jalimane (n) (isiJalimane), German language.

jama (v), look at in a threatening manner.

-jamu (n) (ujamu, ojamu) jam.

-jantshi (n) (ujantshi, ojantshi), railway line.

-jaqamba (n) (amajaqamba), cramp.

-jazi (n) (ijazi, amajaz'), overcoat.

-jekamanzi (n) (ujekamanzi, ojekamanzi), dragon fly.

-jeke (n) (ujeke, ojeke), jug.

-jele (n) (ijele, amajele), gaol.

-jeli (n) (ujeli), jelly.

-jeqe (n) (ujeqe, ojeqe), mealie bread.

jeqeza (v), look back at; glance at.

jeza (v), be punished.

-jezi (n) (ijezi, amajezi), jersey.

jezisa (v), punish.

-jeziso (n) (isijeziso, izijeziso), punishment.

-jibha (n) (ujibha, ojibha), derrick.

jika (v), turn a bend or corner; turn round.

jikeleza (v), surround; go from place to place; follow roundabout way.

jikijela (v), throw.

-jikijolo (n) (ijikijolo, amajikijolo), bramble.

-jingi (n) (isijingi, izijingi), mealie meal and pumpkin cooked and mashed up together.

jivaza (v), decry; speak contemptuously of.

jiya (v), become thick (as porridge).

jobelela (v), add on to.

joja (v), poke with a stick; impale.

-joka (n) (ijoka, amajoka), ox yokes.

jokola (v), speak in a disparaging manner.

-jongo (n) (injongo), purpose, aim.

jova (v), inoculate.

-jovo (n) (umjovo, imijovo), inoculation.

joyina (v), enter a labour contract.

-ju (n) (uju), sweet syrup; honey.

-juba (v), issue instructions; fly (as a bird).

-juba (n) (ijuba, amajuba), dove.

jubalala (v), fly away.

-jubane (n) (ijubane, amajubane), fleetness of foot; ability to run quickly.

jula (v), deep.

-jula (n) (ukujula), depth.

juluka (v), perspire.

-juluko (n) (umjuluko), sweat.

juqa (v), cut; sever.

juqula (v), cut in two; sever.

jwayela (v), become used to; be familiar with.

K

kabana (adv), rather badly.

kabanzana (adv), rather widely.

kabi (adv), badly.

kabili (adv), twice.

kabuhlungu (adv), painfully.

kabusha (adv), newly; fresh.

kade (adv), long ago.

kafuphi (adv), briefly.

kafushane (adv), shortly.

kahlanu (adv), five times.

kahle (adv), well.

kahle (interj), wait a little; just a moment.

kaka (v), surround.

kakhulu (adv), greatly; very much.

kala (v), weigh.

-kali (n) (isikali, izikali), measure; balance.

-kalikuni (n) (ikalikuni, amakalikuni), turkey.

-kalishi (n) (ikalishi, amakalishi), carriage.

kalukhuni (adv), with difficulty.

kalula (adv), easily.

kama (v), comb.

kambe (adv), of course.

-kameli (n) (ikameli, amakameli), camel.

-kamelo (n) (ikamelo, amakamelo), room in house.

kamhlophe (adv), clearly.

kamnandi (adv), sweetly; agreeably.

kamtoti (adv), pleasantly.

kamuva (adv), later on; afterwards.

kancane (adv), slightly; slowly; gradually.

kanci (adv), very slightly; very slowly.

kane (adv), four times.

kangaka (adv), this much.

kangakanani (adv), how much.

kangaki (adv), how many times.

kangako (adv), so many times; so much.

kaningi (adv), many times.

kanjalo (adv), in that manner.

kanjani (adv), how; in what manner.

kanje (adv), in this way.

kanjena (adv), in this manner.

kanjeya (adv), in that manner.

kanti (conj), just so; in fact.

-kantolo (n) (inkantolo, izinkantolo), court; courthouse.

kanye (adv), once.

kanyekanye (adv), all together.

kathathu (adv), three times.

-kati (n) (ikati, amakati), cat.

-kebhe (n) (isikebhe, izikebhe), boat; ship.

-kele (n) (isikele, izikele), scissors; shears.

kepha (conj), but; however.

-ketanga (n) (iketanga, amaketanga), chain.

-ketela (n) (iketela, amaketela), kettle.

-keti (n) (isiketi, iziketi), skirt.

-ketshezi (n) (uketshezi, izinketshezi), liquid.

-kewu (n) (ikewu, amakewu), domestic duck.

-keyi (n) (isikeyi, izikeyi), yoke skey.

-kha (a) (amakha), scent.

-kha (v), dip; pick.

khaba (v), kick.

-khaba (n) (inkaba, izinkaba), navel.

-khaba (n) (umkhaba, imikhaba), large abdomen.

-khabe (n) (ikhabe, amakhabe), water-melon; ambidexter.

-khabethe (n) (ikhabethe, amakhabethe), cupboard.

khafula (v), spit out.

khahlela (v), kick; blossom (as mealie plants).

khakha (v), have a bitter taste.

-khakha (n) (umkhakha, imikhakha), layer; stratum.

-khakhayi (n) (ukhakhayi, izinkakhayi), crown of head; top part of head.

khala (v), weep, cry, complain; plead; make sound (as bell).

-khala (n) (ikhala, amakhala), nose; nostril.

-khala (n) (isikhala, izikhala), opening.

khalakathela (v), fall into; tumble into.

khalela (v), cry for; ask on behalf of.

-khali (n) (isikhali, izikhali), weapon.

-khali (n) (ukhali), curry.

khalima (v), low (as cattle); turn back (as cattle).

khalipha (v), be alert.

-khalo (n) (isikhalo, izikhalo), grievance; request; complaint.

-khalo (n) (ukhalo, izinkalo), plateau; fairly level country; waist.

khama (v), squeeze out.

-khamba (n) (ukhamba, izinkamba), earthenware pot.

-khambi (n) (ikhambi, amakhambi), medicinal herb.

khamisa (v), open mouth widely.

khanda (v), repair; pound, beat.

-khanda (n) (ikhanda, amakhanda), head.

khandana (v), be crowded together.

-khandi (n) (umkhandi, abakhandi), maker; repairer.

khandla (v), overstrain.

khandleka (v), be overstrained.

-khandlela (n) (ikhandlela, amakhandlela), candle.

-khandlu (n) (umkhandlu, imikhandlu), place of assembly; assembly of men.

-khando (n) (umkhando, imikhando), ore.

khanga (v), attract.

-khangala (n) (inkangala, izinkangala), open veld with few trees.

khangela (v), look at.

khangeza (v), give a present; hold out hands to receive a present.

khangu (n) (umkhangu, imikhangu), birth-mark.

khangula (v), use for the first time.

-khanjana (n) (ukhanjana, okhanjana) pin.

khanuka (v), be jealous; have strong desire.

khanya (v), become light; gleam; become clear.

-khanya (n) (ukukhanya), light.

khanyisa (v), explain; make clear; light (as candle); make light.

khapha (v), accompany; lead; guide.

khasa (v), crawl on hands and knees.

-khasa (n) (inkasa, izinkasa), voetgangers, young of swarm locusts; irrigation furrow.

-khashana (n) (isikhashana, izikhashana), a short while.

-khasi (n) (ikhasi, amakhasi), leaf; peel; page.

khatha (v), smear with oil or grease.

-khatha (n) (inkatha, izinkatha), woven ring of grass or cloth used to protect head when carrying a head load; coil of wire or rope; secret ring of herbs made by tribal witch-doctor and used to ensure the loyalty of the tribe.

khathala (v), become tired; worry about.

khathaza (v), worry; annoy.

-khathazo (n) (inkathazo, izinkathazo), worry; annoyance.

-khathi (n) (inkathi, izinkathi), season; period of time.

-khathi (n) (isikhathi, izikhathi), time.

-khathi (n) (umkhathi, imikhathi), space between.

khathisimbe (adv), at some time or other; perhaps.

khawuka (v), cease; break off.

khawula (v), stop; cease.

khawuleza (v), hurry; do it quickly.

-khaya (n) (ikhaya, amakhaya), home.

-khaya (n), (umkhaya), family.

-khaza (n) (amakhaza), cold; ice.

khazimula (v), shine.

khehla (v), to adopt head-ring (man) or topknot (engaged girl); fell (e.g. sugar cane).

-khehla (n) (ikhehla, amakhehla), old man; man with head ring.

-khehli (n) (inkehli, izinkehli), betrothed girl with topknot; topknot of betrothed girl.

-khekhe (n) (ikhekhe, amakhekhe), cake.

-kheli (n) (ikheli, amakheli), address (postal).

khemezela (v), drizzle.

-khemezelo (n) (umkhemezelo, imikhemezelo), drizzle.

-khemisi (n) (ikhemisi, amakhemisi), chemist.

khetha (v), select; choose.

-khethe (n) (ukhethe), shale.

-khethelo (n) (ikhethelo, amakhethelo), the best of anything (the finest animals, the best food, etc.).

-khetho (n) (ikhetho, amakhetho), bridegroom's party at a wedding dance.

-khetho (n) (ukhetho, izinketho), election.

-khezo (n) (ukhezo, izinkezo), spoon.

khihla (v), weep tears.

khihliza (v), form froth.

khilosha (v), do crochet work.

-khindi (n) (isikhindi, izikhindi), short trousers, short skirt, shorts.

-khinga (n) (inkinga, izinkinga), riddle; mystery.

khipha (v), take out; pull out.

-khishi (n) (ikhishi, amakhishi), kitchen.

Khisimusi (uKhisimusi, oKhisimusi), Christmas.

khithika (v), fall down (as snow or leaves).

-khiwane (n) (umkhiwane, imikhiwane), fig tree.

-khiwane (n) (ikhiwane, amakhiwane), fig (fruit).

-khiye (n) (isikhiye, izikhiye); (ukhiye, okhiye), key (lock).

khiza (v), drizzle.

-khizane (n) (ikhizane, amakhizane), tick.

-khoba (n) (ikhoba, amakhoba), grain husk.

-khobe (n) (izinkobe), boiled mealie grains.

-khofi (n) (ikhofi), coffee.

khohlakala (v), be forgotten.

khohlisa (v), cheat, deceive, mislead.

-khohlisa (n) (inkohlisa, izinkohlisa), stye on eye lid.

-khohliso (n) (inkohliso), deceit.

-khohlo (n) (ikhohlo, amakhohlo), left hand side; part of kraal on the left of the main hut; the wife, or wives of this part of the kraal.

khohlwa (v), forget.

khokha (v), pay; draw a stick or weapon.

khokhela (v), pay wages; draw a weapon in readiness; lead.

khokheli (n) (umkhokheli, abakho-kheli), one who pays; leader.

-khokho (n) (ukhokho, okhokho), ancestor.

-khokho (n) (ukhokho), cocoa; cork.

khokhoba (v), walk bent over; stoop as one walks.

kholeka (v), be convincing; be satisfying; be trustworthy.

kholisa (v), cause to be satisfied; cause harm to.

-kholo (n) (ukholo, izinkolo), faith, belief; creed.

-khololo (n) (ukhololo, okhololo), collar.

kholwa (v), believe in; be satisfied.

-kholwa (n) (ikholwa, amakholwa), believer; Christian.

-kholwa (n) (ubukholwa), Chris-tianity.

-kholwase (n) (ukholwase, okho-lwase), flamingo.

-khomazi (n) (inkomazi, izinkomazi), cow; female horse, or similar sized animal.

khomba (v), point.

-khomba (n) (ikhomba, izinkomba), forefinger; pointing finger.

khombisa (v), show; indicate.

-khomo (n) (inkomo, izinkomo), a beast(cow, bull, ox).

-khomo (n) (umkhomo, imikhomo), whale.

khona (adv), here; there; in some place.

khona (conj), so that.

khona lapha (adv), right here.

khona manje (adv), right now.

-khondo (n) (umkhondo, imikhondo), track; trail.

-khongco (n) (ikhongco, amakho-ngco), buckle; chain-link.

-khongi (n) (umkhongi, abakhongi), the man entrusted with the lobolo arrangements on behalf of the bridegroom.

khonka (v), lay concrete.

khonkolo (n) (ukhonkolo, okhonko-lo), concrete.

khonkotha (v), bark.

-khonkwane (n) isikhonkwane, izi-khonkwane), peg; small stake; beacon.

-khono (n) (ikhono, amakhono), skill, ability.

-khono (n) (umkhono, imikhono), limb; arm; forearm; sleeve.

khonona (v), grumble; be dis-satisfied.

-khonto (n) (umkhonto, imikhonto), spear.

khonya (v), bellow (as bull).

-khonyane (n) (isikhonyane), swarm locust.

khonza (v), pay respect to; send regards to; serve; worship.

-khonzo (n) (inkonzo, izinkonzo), service; church service.

-khophe (n) (ukhophe, izinkophe), eye lash.

-khosana (n) (inkosana, amakhosana), eldest son; prince; son of a re-spected person.

-khosazana (n) (inkosazana, amakho-sazana), eldest daughter; princess; daughter of a respected person.

khosela (v), take shelter.

-khosi (n) (inkosi, amakhosi), king; chief; a term of respect to one in authority.

-khosi (n) (ubukhosi), kingship; chieftainship.

-khosi (n) (umkhosi, imikhosi), public announcement; general alarm.

-khosikazi (n) (inkosikazi, amakhosi-kazi), chief wife; a term of respect used to mean any married woman.

khotha (v), lick.

-khotha (n) (isikhotha, izikhotha), veld covered in grass.

khothama (v), bow; stoop; die.

-khova (n) (isikhova, izikhova), owl.

-khova (n) (ukhova), plantain.

-khovu (n) (umkhovu, imikhovu), dwarf-like familiar of a witch-doctor, used for nefarious purposes.

-khowankowane (n) (inkowankowane, izinkowankowane), toadstool.

-khowe (n) (ikhowe, amakhowe), large edible mushroom.

-khozi (n) (ukhozi, izinkozi), eagle.

khuba (v), trip up; balk.

-khuba (n) (umkhuba, imikhuba), custom, customary behaviour; unusual action; undesirable action.

khubele (n) (inkubele, izinkubele), casualty; wounded man.

khuhla (v), rub; scour; scrub.

-khuhlane (n) (umkhuhlane, imikhuhlane), common cold; fever, or any ailment producing a feverish condition.

-khukho (n) (ukhukho, izinkukho), sleeping mat made of rushes.

-khukhukazi (n) (isikhukhukazi, izikhukhukazi), hen.

khukhumala (v), swell; be expanded.

-khuku (n) (inkuku, izinkuku), fowl.

khula (v), grow; increase.

-khula (n) (ukhula), weeds.

khuleka (v), greet; request; tie up (as a dog on chain).

-khuleko (n) (umkhuleko, imikhuleko), prayer.

khulelwa (v), become pregnant.

khulisa (v), rear; exaggerate.

-khuliso (n) (inkuliso), upbringing.

-khulu (a), large; great.

-khulu (n) (ikhulu, amakhulu), hundred.

-khulu (n) (isikhulu, izikhulu), important personage.

-khulu (n) (ubukhulu), greatness; bigness.

-khulu (n) (ukhulu, okhulu), grandmother.

khulula (v), untie; free.

-khululeko (n) (inkululeko), emancipation; freedom.

khuluma (v), talk; speak.

khulumela (v), speak for, on behalf of.

-khulumo (n) (inkulumo, izinkulumo), speech; conversation.

-khulungwane (n) (inkulungwane, izinkulungwane), thousand.

-khulungwane (n) (umkhulungwane, imikhulungwane), howling of dog.

khuluphala (v), become stout.

-khumba (n) (isikhumba, izikhumba), hide of beast; skin.

-khumbi (n) (umkhumbi, imikhumbi), ship.

khumbula (v), remember.

khumbuza (v), remind.

-khumbuzo (n) (isikhumbuzo, izikhumbuzo), reminder.

khumuka (v), become loose; come off(as a nut from a bolt).

khumula (v), take off, undress; release; take out; outspan.

-khundla (n) (inkundla, izinkundla), place where people meet; bare piece of ground; arena.

-khundla (n) (isikhundla, izikhundla), place of employment; billet; office (e.g. chairman, secretary), lair.

khunga (v), tether; tie up.

-khuni (n) (isikhuni, izikhuni), piece of burning wood.

-khuni (n) (ukhuni, izinkuni), piece of firewood.

-khunku (n) (isikhunku, izikhunku), stump of tooth.

-khunta (n) (isikhunta), fungus; mould.

-khunzi (n) (inkunzi, izinkunzi), bull; male of larger animals.

-khupha (n) (isikhupha), pollen.

-khuphe (n) (ubukhuphe), tampans, fowl lice.

khuphuka (v), climb; go up; be promoted.

khuphula (v), raise; lift up.

-khusu (n) (umkhusu, imikhusu), food prepared and stored away for another occasion.

-khutha (n) (isikhutha), impure air; carbon dioxide.

khuthala (v), be industrious, diligent.

khuthaza (v), encourage; urge on.

-khuthazo (n) (inkuthazo), encouragement.

khuthelana (v), be crowded together; be stuffy.

khuthuza (v), steal from someone's person; rob.

khuza (v), give orders; shout at; express disapproval.

-khwali (n) (inkwali, izinkwali), partridge.

-khwama (n) (isikhwama, izikhwama), small bag; pocket; purse.

-khwani (n) (ikhwani, amakhwani), sedge from which mats are made.

-khwapha (n) (ikhwapha, amakhwapha), arm-pit.

-khwe (n) (umukhwe, abakhwe), wife's father.

-khwebu (n) (isikhwebu, izikhwebu), mealie cob.

khwehlela (v), cough.

-khwekazi (n) (umkhwekazi, abakhwekazi), wife's mother; bridegroom's mother-in-law.

khwela (v), climb; mount.

-khwela (n) (ikhwela, amakhwela), whistle.

-khwenyana (n) (umkhwenyana, abakhwenyana), brother-in-law; son-in-law.

khweza (v), lift up; raise up; put away for another occasion.

khwezela (v), add fuel to a fire.

-khwezi (n) (ikhwezi), morning star.

-khwili (n) (isikhwili, izikhwili), short heavy stick.

kimi (adv), to, from or at me.

kimina (adv), to, from or by me.

kinina (adv), to, from or at you.

kipita (v), live together unmarried.

kitaza (v), tickle.

kithi (adv), to or from or at us.

kithina (adv), to from or at us.

-klabhu (n) (isiklabhu, iziklabhu), sheep.

-klabishi (n) (iklabishi, amaklabishi), cabbage.

klaya (v), cut through lengthwise; cleave; split.

klebhuka (v), be torn.

klebhula (v), tear.

klekla (v), pierce the lobe of the ear.

klela (v), stand in a line.

kleza (v), milk directly into mouth.

klina (v), be naughty.

klinya (v), throttle; choke.

klolodela (v), jeer at.

-klomelo (n) (umklomelo, imiklomelo), award of merit; reward.

klwebha (v), scratch.

kodwa (conj), but.

-koko (n) (ukoko, okoko), ancestor.

kokubili (pron), both.

kokune (pron), all four.

kokunye (conj), possibly; it is possible that.

kokuthathu (pron), all three.

-kole (n) (isikole, izikole), school.

-kolo (n) (ukolo), wheat.

kolweni (n) (ukolweni), wheat; barley.

-komiti (n) (ikomiti, amakomiti), committee.

konje (conj), by the way.

konke (pron), all of it; everything.

-kopi (n) (ikopi, amakopi), small tins.

-kotini (n) (ukotini, okotini), cotton thread.

kubo (adv), to, from or at them.

-kubo (n) (ikubo, amakubo), home; home kraal.

kubona (adv), to, from or at them.

kudala (adv), long ago.

kude (adv), far from; a great distance away.

-kulufo (n) (isikulufo, izikulufo), screw.

kumbe (conj), perhaps.

kunokuba (conj), rather than.

kuphela (adv), alone, only.

kuqala (adv), first; long ago.

kusasa (adv), tomorrow; at dawn.

kusihlwa (adv), at dusk; at night.

kuthangi (adv), day before yesterday.

kwabo (adv), to, at or from his, her or their home.

kwabo (poss), their.

kwakhe (adv), at, to or from his home.

kwakhe (poss), his; her.

kwakho (adv), at, to or from your home.

kwakho (poss), your.

kwalo (poss), its; his; her.

kwami (adv), from, to or at my home.

kwami (poss), my.

kwaso (poss), its; his; her.

-kwata (n) (isikwata, izikwata), labour gang.

kwawo (poss), its; their.

kwayo (poss), its; their.

kwazo (poss), their.

kweleta (v), to lend; to borrow; to owe.

-kweleti (n) (isikweleti, izikweleti), debt.

kwenu (adv), from to or at your home.

kwenu (poss), your.

kwesikabhadakazi (adv), in deep sleep; late at night.

kwesobunxele (adv), on the left side.

kwesokudla (adv), on the right side.

kwethu (adv), from, to or at our home.

kwethu (poss), our.

-kwindla (n) (ikwindla), autumn.

-kwipili (n) (ukwipili, okwipili), quince.

kwitiza (v), speak indistinctly; used disparagingly of a person speaking a foreign language.

L

laba (pron), these.

labo (pron), those.

lahla (v), throw away; lose; bury.

-lahle (n) (ilahle, amalahle), piece of coal; ember; cinder.

lahleka (v), be lost; go astray.

-laka (n) (ilaka, amalaka), uvula.

-laka (n) (ulaka), temper.

lakhe (poss), his; her.

lakho (poss), your.

lala (v), sleep; lie down; have sexual intercourse.

-lala (n) (ilala, amalala), ilala palm; Hyphaena crenata.

-lalamvubu (n) (umlalamvubu), heavy mist.

-lalazi (n) (umlalazi, imilalazi), stone on which knives or spears are whetted.

lalela (v), listen; obey.

lamba (v), become hungry.

lambatha (v), be poor; destitute; be of no value.

-lambu (n) (ilambu, amalambu), lamp.

lami (poss), my.

-lamu (n) (umlamu, abalamu), brother-in-law; sister-in-law.

lamula (v), mediate; make peace between.

-lamula (n) (ilamula, amalamula), lemon.

lana (pron), these.

landa (v), fetch; relate.

-**landa** (n) (ilanda, amalanda), egret.
landela (v), follow.
landelana (v), follow one another.
-**landeli** (n) (umlandeli, abalandeli), follower; disciple.
-**lando** (n) (umlando, imilando), account of events; history.
landula (v), make an excuse; deny.
-**langa** (n) (ilanga, amalanga), sun; day.
-**langabi** (n) (ilangabi, amalangabi), flame.
langazela (v), long for.
-**lanjwana** (n) (umlanjwana, imilanjwana), illegitimate child.
lapha (adv), here.
laphaya (adv), yonder.
lapho (adv), there.
lapho (conj), when.
laso (poss), its; his; her.
lawa (pron), these.
lawaya (pron), those.
lawo (poss), its; their.
-**lawu** (n) (ilawu, amalawu), hut for unmarried boys or girls.
-**Lawu** (n) (iLawu, amaLawu), Hottentot.
-**Lawu** (n) (isiLawu), Hottentot language; Hottentot custom.
lawula (v), speak loudly; give an order; speak jokingly.
layeza (v), give instructions.
-**layezo** (n) (umlayezo, imilayezo), message.
-**layisense** (n) (ilayisense, amalayisense), licence.
layisha (v), load (as a truck).
-**layisi** (n) (ilayisi), rice.
-**laza** (n) (umlaza), whey.
-**laza** (n) (ulaza), cream.
lazo (poss), their.
lekelela (v), assist.
-**lekeleli** (n) (umlekeleli, abalekeleli), assistant.
leli (pron), this.
leliya (pron), that.

lelo (pron), that.
-**lembu** (n) (ubulembu), spider's web.
lenga (v), hang from; dangle.
lengisa (v), execute by hanging; cause to hang.
-**lentshisi** (n) (ulentshisi), peas.
lenu (poss), your.
-**lenze** (n) (umlenze, imilenze), leg.
lesi (pron), this.
lesiya (pron), that.
leso (pron), that.
letha (v), bring.
lethu (poss), our.
-**leti** (n) (isileti, izileti), slate.
-**letisi** (n) (uletisi, oletisi), lettuce.
-**levu** (n) (isilevu, izilevu), beard; chin.
leya (pron), that.
lezi (pron), these.
leziya (pron), those over there.
lezo (pron), those.
-**liba** (n) (iliba, amaliba), grave.
libala (v), loiter; delay; forget.
libazisa (v), cause to delay; cause to forget.
-**libo** (n) (umlibo, imilibo), runner; shoot (as of pumpkin plant).
lila (v), weep; mourn.
-**lili** (n) (ubulili), sex; gender.
-**lilo** (n) (isililo, izililo), lamentation.
-**lilo** (n) (umlilo, imililo), fire.
lima (v), plough; hoe; cultivate.
-**lima** (n) (isilima, izilima), fool; idiot.
-**lima** (n) (ubulima), foolishness.
limala (v), get hurt; receive injury.
limaza (v), injure; get hurt.
-**limi** (n) (amalimi), impediment of speech.
-**limi** (n) (umlimi, abalimi), gardener; farmer.
-**limi** (n) (ulimi, izilimi), tongue; language.
linda (v), guard; keep watch over.
lindela (v), wait for; watch for; guard for.
linga (v), attempt; tempt.
lingana (v), be equal.

linganisa (v), measure; compare.
lingisa (v), imitate.
-lingo (n) (umlingo, imilingo), strange happening; trick.
-lisa (n) (isilisa), male person; male gender; men folk.
-lisa (n) (umlisa, abalisa), male person.
loba (v), write.
lobela (v), write to or for.
-lobi (n) (umlobi, abalobi), writer.
-lobokazi (n) (umlobokazi, abalobokazi), young woman for whom lobola has been paid; bride.
lobola (v), pay bride price, traditionally an agreed number of cattle paid by the bridegroom's people to the bride's people.
-lobolo (n) (ilobolo), the cattle and other things paid as bride price.
lobu (pron), this.
lobuya (pron), that.
lodwa (pron), it alone.
lokho (pron), that.
lokhu (pron), this.
lokhuya (pron), that over there.
lola (v), sharpen; whet.
-loli (n) (iloli, amaloli), lorry.
lolonga (v), smooth (as a clay pot or piece of wood.)
lolozela (v), lull a child to sleep.
-lolozelo (n) (umlolozelo, imilolozelo), lullaby.
lolu (pron), this.
loluya (pron), that over there.
-lomo (n) (isilomo, izilomo), person of substance; wealthy person; popular person.
-lomo (n) (umlomo, imilomo), mouth.
lona (pron), he; she; it.
londa (v), take care of; preserve.
-londa (n) (isilonda, izilonda), sore.
londoloza (v), protect; keep safely.
-longwe (n) (ilongwe, amalongwe), cattle dung.
-longwe (n) (ubulongwe), dung of herbivorous animals.

lonke (pron), all of it.
-lori (n) (ilori, amalori), lorry.
-lotha (n) (umlotha), ashes.
lowaya (pron), that over there.
loya (v), bewitch; cast a spell on.
-lozi (n) (umlozi, imilozi), whistling sound.
-luhlaza (rel), green (colour); raw; unripe.
luka (v), plait, weave, knit; go out to graze.
-lukhuni (a), hard.
-lula (rel), light; easy.
lulama (v), recover from illness.
luleka (v), advise.
-luleko (n) (isiluleko, iziluleko), advice.
-lulu (n) (isilulu, izilulu), large woven grass basket.
-lulwane (n) (ilulwane, amalulwane), bat.
luma (v), bite.
lumba (v), invent story; tell untruths; cast a spell.
lumbo (n) (ilumbo, amalumbo), untruth, lie; disease; magic spell.
lunga (v), be correct; be of good behaviour.
-lunga (n) (ilunga, amalunga), member of committee.
-lungelo (n) (ilungelo, amalungelo), right, privilege.
lungisa (v), put right; prepare.
-lungu (n) (ilungu, amalungu), joint; internode.
-lungu (n) (isilungu), language of white people; customs of white people.
-lungu (n) (umlungu, abelungu), white person; European.
-lungulela (n) (isilungulela), heartburn.
lunguza (v), peep.
lutha (v), mislead; make a fool of.
-lwa (v), fight.
lwabo (poss), their.

lwakhe (poss), his; her.
lwalo (poss), its; his.
lwami (poss), my.
-lwandle (n) (ulwandle, izilwandle), sea.
-lwane (n) (isilwane, izilwane), animal; creature.
-lwanyana (n) (isilwanyana, izilwanyana), small animal; small creature.
lwaso (poss), its; his.
lwawo (poss), its; their.
lwayo (poss), its; their.

lwazo (poss), their.
-lwembu (n) (ulwembu, izilwembu), spider.
lwenu (poss), your.
-lwesibili (n) (uLwesibili), Tuesday.
-lwesihlanu (n) (uLwesihlanu), Friday.
-lwesine (n) (uLwesine), Thursday.
-lwesithathu (n) (uLwesithathu), Wednesday.
lwethu (poss), our.

M

ma (v) (ukuma), stand.
-ma (n) (uma, oma), mother.
-mabalabala (a), spotted.
-mabhalane (n) (umabhalane, omabhalane), clerk; rime clerk.
-mabuyaze (n) (umabuyaze, omabuyaze), unsuccessful adventure.
-mahambanendlwana (n) (umahambanendlwana, omahambanendlwana), wattle bag worm.
mahala (adv), free; for nothing.
-makade (n) (isimakade, izimakade), very old thing (as a tree).
-makethe (n) (imakethe, izimakethe) market.
-makhaza (n) (amakhaza), cold; ice.
-makhaza (rel), cold.
-makhelwane (n) (umakhelwane, abakhelwane, omakhelwane), neighbour.
-makoti (n) (umakoti, omakoti), bride; newly married woman.
-maku (n) (isimaku, izimaku), small breed of dog.
-malalepayipini (n) (umalalepayipini, omalalepayipini), vagrant; tramp.
-mali (n) (imali, izimali), money.
-malikwata (n) (umalikwata, omalikwata), loquat.

-maliwa (n) (umaliwa, omaliwa), unpopular person.
-malokazana (n) (umalokazana, omalokazana), daughter-in-law.
-malume (n) (umalume, omalume), maternal uncle.
-mama (n) (umama, omama), mother.
mamatheka (v), smile.
-mamba (n) (imamba, izimamba), type of snake; black or green mamba.
-mame (n) (isimame), women.
-mame (n) (umame, omame), mother; also used as a term of respect to older women.
-mamekazi (n) (umamekazi, omamekazi), my mother's sister.
-mancishana (n) (umancishana, omancishana), small beer pot.
mandulo (adv), in olden times.
-manga (n) (isimanga, izimanga), unusual happening.
mangala (v), be surprised.
mangalela (v), bring a charge against; make a report about.
-mangalelwa (n) (ummangalelwa, abamangalelwa), defendant in case.
-mangali (n) (ummangali, abamangali), plaintiff in case.
mangalisa (v), cause surprise.

-**mangaliso** (n) (isimangaliso, izimangaliso), surprising happening; wonderful thing.

-**mango** (n) (umango, omango), mango.

-**mango** (n) (ummango, imimango), steep hill.

-**mangobe** (n) (umangobe, omangobe), a cat which has a litter of kittens.

manini (adv), when.

manje (conj), now; at present time.

manjena (adv), now.

-**mantshi** (n) (imantshi, izimantshi), magistrate.

-**manyazini** (n) (umanyazini), permanganate of potash.

-**manyolo** (n) (umanyolo, omanyolo), manure; artificial fertiliser.

-**manzi** (rel), wet; damp.

manzisa (v), moisten, wet.

maqede (adv), as soon as.

maqondana (adv), in line with; witn reference to.

masinya (adv), (masinyane), quickly; soon.

masinyane (adv), quickly; soon.

-**mata** (n) (umata, omata), mat (European manufacture).

-**matalasi** (n) (umatalasi, omatalasi), mattress.

mathambama (adv), during the afternoon.

-**mathebeni** (n) (umathebeni, omathebeni), sparrow-hawk.

mathunzi (adv), late afternoon.

mathupha (adv), at close quarters.

-**mayela** (n) (imayela, amamayela), mile.

mayelana (adv), in connection with.

-**mayini** (n) (imayini, izimayini), mine (coal, gold).

-**mazi** (n) (imazi, izimazi), cow.

-**mba** (v), dig.

mbala (adv), really; in fact.

-**mbali** (n) (imbali, izimbali), flower.

-**mbalwa** (rel), few.

mbambatha (v), pat with hand, slap on back.

mbandaza (v), prevaricate.

-**mbawula** (n) (imbawula, izimbawula), brazier.

-**mbayimbayi** (n) (umbayimbayi, ombayimbayi), field gun; cannon.

-**mbazu** (n) (imbazu, izimbazu), mussel.

-**mbewu** (n) (imbewu, izimbewu), seed.

-**mbiba** (n) (imbiba, izimbiba), striped field mouse.

-**mbila** (n) (ummbila), maize.

-**mbilapho** (n) (imbilapho, izimbilapho), groin (human being).

-**mbo** (n) (isimbo, izimbo), pointed stake used for digging.

-**mbongolo** (n) (imbongolo, izimbongolo), donkey.

mbonya (v), flog.

mboza (v), cover over.

-**mbuka** (n) (imbuka, amambuka), rebel; traitor; deserter.

mbulula (c), remove covering; expose.

mela (v), wait for; stand for; defend.

-**meli** (n) (imeli, izimeli), mare.

-**meli** (n) (ummeli, abameli), lawyer; advocate.

mema (v), invite; call; summon.

memeza (v), shout; call out.

memezela (v), shout for; announce.

-**memezelo** (n) (isimemezelo, izimemezelo), notice; announcement.

-**memo** (n) (isimemo, izimemo), invitation.

-**mentshisi** (n)' (umentshisi, omentshisi), matches.

-**menywa** (n) (isimenywa, izimenywa) guest.

-**mese** (n) (ummese, imimese), knife.

-**mesisi** (n) (umesisi, omesisi), European lady of the house.

-mfagolweni (n) (umfagolweni, o-mfagolweni), half-crown.
mfoma (v), ooze.
mhla (conj), on the day that.
mhlawumbe (conj), perhaps.
mhlayimbe (conj), perhaps.
-mhlophe (rel), white.
-mhlophe (n) (ubumhlophe), white-ness.
-mhloshana (rel), pale.
mila (v), grow.
-milo (n) (isimilo, izimilo), nature; character.
mina (pron), me; myself.
-mini (n) (imini, izimini), day time.
-minithi (n) (iminithi, amaminithi), minute (time), minutes.
minya (v), drink deeply.
minyana (v), be crowded together.
minza (v), drown; gulp down; swallow.
-minzi (n) (isiminzi, iziminzi), glut-ton.
-minzo (n) (umminzo, imiminzo), gullet.
misa (v), cause to be erect; cause to cease; appoint; establish.
-miselo (n) (isimiselo, izimiselo), rule; conditions.
-miso (n) (isimiso, izimiso), rule; conditions of service.
mitha (v), become pregnant.
mithisa (v), cause to be pregnant.
-miyane (n) (umiyane, omiyane), mosquito.
-mkakhe (n) (umkakhe, omkakhe), his wife.
-mkakho (n) (umkakho, omkakho), your wife.
-mkami (n) (umkami, omkami), my wife.
-mkhulu (n) (umkhulu, omkhulu), grandparent.
-mnakwenu (n) (umnakwenu, aba-nakwenu, omnakwenu), your brother-in-law.

-mnakwethu (n) (umnakwethu, aba-nakwethu, omnakwethu), my brother-in-law.
-mnandi (rel), nice, pleasant.
-mnandi (n) (ubumnandi), pleasing taste; good health, well being.
-mnawakhe (n) (umnawakhe; aba-nawakhe, omnawakhe), his younger brother or sister.
-mnawakho (n) (umnawakho; aba-nawakho, omnawakho), your younger brother or sister.
-mnawami (n) (umnawami; abana-wami, omnawami), my younger brother or sister.
-mnyama (rel), black.
-mnyama (n) (ubumnyama), black-ness; darkness.
-mnyuzi (n) (umnyuzi, iminyuzi), mule.
-mo (n) (umumo), total number.
-mo (n) (isimo, izimo), shape; nature.
-moba (n) (umoba), sugar cane.
-mofu (n) (imofu, izimofu), imported breed of cattle; Friesland.
moncula (v), pull out.
-mongozima (mongoziya) (n) (u-mongozima, umongoziya), bleeding from the nose.
monyuka (v), slip out.
-moto (n) (imoto, izimoto), motor-car.
-moya (n) (umoya, imimoya), wind; spirit.
moyizela (v), smile.
-mpaka (n) (impaka, izimpaka), wild cat.
-mpala (n) (impala, izimpala), species of small antelope.
-mpama (n) (impama, izimpama), palm of the hand.
-mpande (n) (impande, izimpande), root.
-mpangele (n) (impangele, izimpa-ngele), guinea fowl.

mpelesi (n) (impelesi, izimpelesi), young girl who accompanies the bride.

-mpempe (n) (impempe, izimpempe), whistle.

-mpi (n) (impi, izimpi), army; regiment or part of army; fight or battle.

mpintsha (v), squeeze together.

-mpofu (rel), dun coloured; poor.

-mpofu (n) (ubumpofu), dun colour; poverty.

-mpohlo (n) (impohlo, izimpohlo), bachelor.

mpompa (v), talk nonsense.

-mpompi (n) (umpompi, ompompi), water tap.

mpondozankomo (adv), early in the morning.

-mpondwe (n) (umpondwe, ompondwe), pound (money).

-mpukane (n) (impukane, izimpukane), fly.

-mpunga (rel), grey.

-mpunga (n) (impunga, izimpunga), grey headed man.

-mpungushe (n) (impungushe, izimpungushe), jackal.

-mpuphu (n) (impuphu), mealie meal; fine powder.

msukwana (adv), on the day which.

muhluza (v), slap with the open hand.

muka (v), go away.

mukela (v), receive; admit.

mukisa (v), send away.

-muku (n) (isimuku, izimuku), muzzled person or animal(vessel with small opening.

mukula (v), slap in the face.

mumatha (v), taste; hold in the mouth.

munca (v), suck.

-muncu (rel), sour.

-mungulu (n) (isimungulu, izimungulu), dumb person.

-mungumungwane (n) (isimungumungwane), measles.

-munyu (rel), bitter; sour.

musa (v), do not.

muva (adv), later.

-mvula (n) (imvula, izimvula), rain.

-mzanyana (n) (umzanyana, omzanyana), nursemaid for children.

mzukwana (adv), on the day on which.

N

na (v) (ukuna), rain.

-na (n) (umuna), eczema.

-nabunabu (n) (isinabunabu, izinabunabu), soft crawling insect.

nabuzela (v), crawl along.

naka (v), take notice of; be concerned with.

-naka (n) (inaka, amanaka), tidy person.

nakancane (adv), not in the least.

nakanjani (adv), whatever happens; decidedly.

nakekela (v), take care of.

nakelela (v), concern oneself with; take care.

nakhu (demons), here it is.

nakhuya (demons), there it is.

nakuba (conj), although.

-nakwenu (n) (umnakwenu, abanakwenu), your brother-in-law.

-nakwethu (n) (umnakwethu, abanakwethu), our brother-in-law.

-nala (n) (inala, izinala), plenty; abundance (usually food).

-nalithi (n) (inalithi, izinalithi), needle.

namatha (v), stick to; be close to.

namathela (v), stick on to; adhere to.

namathisela (v), cause to adhere to

-**namba** (n) (inamba, amanamba), number; figure.

-**nambathi** (n) (isinambathi, izinambathi), pumpkin and mealie meal cooked together.

nambitha (v), taste.

nameka (v), smear; stick with.

namhlanje (adv), today.

nampa (demons), here they are.

nampaya (demons), there they are.

namuhla (adv), today.

nandisa (v), sweeten; make agreeable.

nanela (v), exchange.

nango (demons), there he is.

nangu (demons), here he is.

nanguya (demons), there he is over there.

-**nani** (n) (inani, amanani), price; number.

nanini (adv), at all times; at one time or another.

nanka (demons), here they are.

nankaya (demons), there they are.

nanko (demons), there it is.

nanku (demons), here it is.

nankuya (demons), there it is.

nansi (demons), here it is.

nansiya (demons), there they are over there.

nanso (demons), there it is.

nanti (demons), here it is.

nanto (demons), there it is.

-**nantshi** (n) (inantshi, amanantshi), naartjie.

nanxa (conj), even; although.

naphakade (adv), for always; for ever and ever.

naphinaphi (adv), everywhere.

nasi (demons), here it is.

nasiya (demons), there it is over there.

naso (demons), here it is.

-**nawe** (n) (umnawe, abanawe), parent-in-law.

nazi (demons), here they are.

naziya (demons), there they are, over there.

nazo (demons), there they are.

-**nca** (n) (inca), fine grass.

ncama (v), prefer.

-**ncane** (a), small.

nceda (v), assist.

-**ncedo** (n) (uncedo), assistance; help.

-**nceku** (n) (inceku, izinceku), steward; servant of standing.

ncela (v), suckle; suck milk.

-**ncele** (n) (umncele, imincele), boundary.

-**ncelebana** (n) (incelebana, izincelebana), favourite; one who seeks favour.

ncelisa (v), give suck; suckle.

-**ncema** (n) (incema, izincema), sedge used for making fine mats.

ncenga (v), beg; coax.

ncibilika (v), melt; dissolve.

ncika (v), lean on; rely on.

ncintisana (v), compete.

-**ncintisano** (n) (umncintisano, imincintisano), competition.

-**ncinyane** (adj), very small.

ncinza (v), pinch.

ncipha (v), dwindle; become less.

nciphisa (v), cause to become less; diminish.

ncishana (v), be mean; be niggardly; stint.

ncokola (v), joke; make fun.

ncoma (v), praise; admire.

-**ncombo** (rel), yellow.

nconzula (v), take off little bits, e.g. from piece of meat or bread; nibble away.

-**ncumbe** (n) (incumbe, izincumbe), gruel made as baby food.

-**ncwadi** (n) (incwadi, izincwadi), letter; book; magazine.

ncweba (v), pinch.

-**ncwebe** (n) (umncwebe, imincwebe) lagoon.

-**Ndabezitha** (n) (uNdabezitha, o-Ndabezitha), formal title of respect used for members of Zulu royal house.

-**ndawo** (n) (indawo, izindawo), place; room; situation.

ndawo (interj), never; not a bit of it.

ndawonye (adv), in one place.

-**ndeni** (n) (umndeni, imindeni), intimate friends and relatives.

-**ndicosho** (n) (undicosho), anthrax.

-**ndiki** (n) (indiki, izindiki), stump of arm or finger.

-**ndima** (n) (indima, izindima), plot of land weeded, ploughed or cultivated.

ndinda (v), wander about aimlessly.

-**ndingilizi** (n) (indingilizi, izindingilizi), circle; round object.

-**ndini** (suffix), added to nouns to indicate usually sarcasm or disparagement (mfana-ndini).

-**Ndiya** (n) (iNdiya, amaNdiya), Indian.

ndiza (v), fly.

-**ndla** (n) (amandla), strength; power.

-**ndlala** (n) (indlala, izindlala), scarcity of food; famine.

-**ndle** (n) (indle), lonely place; immediate surroundings of kraal; part of the veld used as lavatory.

-**ndlu** (n) (indlu, izindlu), house; hut; room; dwelling place.

-**ndlunkulu** (n) (indlunkulu, izindlunkulu), main hut; hut of the chief wife.

-**ndlunkulu** (n) (umndlunkulu), girls of the royal household.

-**ndlwana** (n) (indlwana, izindlwana), small house; small room; small hut.

ndonda (v), breathe with difficulty, as in cases of asthma; speak in a deep voice.

-**nd**.... (n) (indophi, izindophi),

-**ndulo** (n) (indulo, amandulo), ancient times.

-**nduze** (n) (umnduze, iminduze), lily.

-**ne** (a), four.

nebala (adv), indeed.

-**neke** (n) (isineke), great care; patience.

nemba (v), take aim; aim well.

nembala (adv), indeed.

-**nembeza** (n) (unembeza), conscience.

nempela (adv), indeed.

-**nene** (n) (isinene, izinene), front part of a man's loin covering.

nenga (v), offend; cause disgust.

-**nengiso** (n) (isinengiso, izinengiso), the cause of offence; the cause of disgust.

nengwa (v), be offended; be disgusted.

-**nenke** (n) (umnenke, iminenke), snail.

neno (adv), this way; on this side.

-**nesi** (n) (unesi, onesi), nurse.

netha (v), become wet.

neze (adv), not ever.

nezezela (v), add to.

-**nga** (n) (amanga), lie; untruth.

-**nga** (n) (umunga, iminga), thorn tree; mimosa.

ngabaza (v), be uncertain; be in doubt.

ngabomu (adv), on purpose.

-**ngaka** (rel), as big as this.

-**ngakaya** (rel), as big as that.

ngakho (adv), therefore.

ngakhoke (adv), therefore.

ngakhona (adv), in that direction; certainly.

-**ngaki** (a), how many.

-**ngako** (rel), as big as that.

ngakwesobunxele (adv), on the left side.

ngakwesokudla (adv), on the right side.

ngalapha (adv), in this direction.

ngalaphaya (adv), over there; in that direction.

ngalokho (adv), for that reason.

ngalokhu (adv), for this reason.

ngamabomu (adv), on purpose.

ngamandla (adv), with strength; with force.

-ngane (n) (ingane, izingane), child.

-ngane (n) (ubungane), childhood; childishness; friendship.

-ngane (n) (umngane, abangane), friend.

-nganekwane (n) (inganekwane, izinganekwane), legend; story; fable.

nganeno (adv), over this way.

nganhlanye (adv), on one side.

ngani (adv), by means of what.

ngapha (adv), on this side.

ngaphakathi (adv), on the inside.

ngaphambili (adv), in the front of.

ngaphandle (adv), on the outside.

ngaphansi (adv), on the underside; below.

ngaphesheya (adv), across; on the other side; over the sea.

ngaphezulu (adv), above; on the upper side.

ngaphi (adv), where; in which direction.

ngasemuva (adv), towards the rear.

ngasenhla (adv), towards the upper part.

ngasenzansi (adv), towards the lower part.

ngasese (adv), secretly.

-ngcili (n) (ingcili, izingcili), tape worm.

ngcola (v), become dirty.

-ngcola (n) (ukungcola), dirt.

ngcolisa (v), make dirty.

-ngcono (n) (ubungcono), improvement.

-ngcono (rel), better.

ngcothula (v), pull out.

-ngcuba (n) (ingcuba, izingcuba), meat of an animal which has died from natural causes.

ngcwaba (v), bury; inter.

-ngcwaba (n) (ingcwaba, amangcwaba), grave, tomb.

-ngcwabo (n) (umngcwabo, imingcwabo), burial, funeral.

-ngcwecwe (n) (ungcwecwe, ongcwecwe), sheet of corrugated iron.

ngcweka (v), fight with sticks.

-ngcwele (rel), holy.

-ngcweti (n) (ingcweti, izingcweti), expert; adept.

-ngcweti (n) (ubungcweti), expertness; great ability.

-ngcwi (n) (umungcwi, imingcwi), apparition in human form.

ngedwa (pron), me alone.

-ngele (n) (ingele, izingele), rocky precipitous place.

ngempela (adv), in fact; really.

ngena (v), come in, enter; take to wife the widow of a relative.

-ngenela (n) (umngenela, imingenela), tributary (river).

ngenhla (adv), on the upper side.

ngenisa (v), bring in; introduce; rise in flood (as river).

-ngeniso (n) (isingeniso, izingeniso), introduction (e.g. beginning of book or essay).

ngenxa (adv), on account of.

ngenzansi (adv), on the lower side.

ngesihle (adv), pleasantly; with good grace; without charge.

ngeSonto (adv), on Sunday.

-ngide (n) (ingide, izingide), padlock.

-ngila (n) (ingila, izingila), gizzard.

ngingiza (v), stammer, stutter.

ngisho (conj), even if.

-Ngisi (n) (iNgisi, amaNgisi), Englishman.

-Ngisi (n) (isiNgisi), English language.

-ngiyane (n) (ungiyane, ongiyane), Zulu head ring.

ngoba (conj), because.
ngobala (adv), without reason.
ngodli (adv), without due care; fearlessly.
ngokuba (conj), because.
ngokuhlwa (adv), at night fall.
ngokusa (adv), at dawn.
ngokushesha (adv), hurriedly.
-ngolovane (n) (ingolovane, izingolovane), small truck running on tram line.
ngoLwesibili (adv), on Tuesday.
ngoLwesihlanu (adv), on Friday.
ngoLwesine (adv), on Thursday.
ngoLwesithathu (adv), on Wednesday.
-ngoma (n) (ingoma, izingoma), hymn, song; dance.
ngoMgqibelo (adv), on Saturday.
ngomhlomunye (adv), the day after tomorrow.
ngomthetho (adv), according to the rules; according to law.
ngomusa (adv), with kindness.
ngomuso (adv), tomorrow.
-ngonyama (n) (ingonyama, izingonyama), lion; important chief.
ngovivi (adv), at break of day.
-ngozi (n) (ingozi, izingozi), wound; accident; danger.
ngqabashiya (v), hop about; jump about.
ngqabitha (v), jump down.
-ngqi (n) (ungqi), full stop.
-ngqikithi (n) (ingqikithi, izingqikithi), essence; essential part.
-ngqongqoshe (n) (ungqongqoshe, ongqongqoshe), person first in rank; prime minister.
ngqongqotha (v), knock (as on door).
-ngqoqwane (n) (ungqoqwane), frost.
-ngquthu (n) (ingquthu, izingquthu), beast, additional to lobola given to bride's mother.

-ngquza (n) (ingquza, izingquza), anus.
ngquzula (v), break away; stampede.
-ngqwababa (n) (ingqwababa, izingqwababa), collar bone.
-ngqwele (n) (ingqwele, izingqwele), boy who defeats the other boys of his age set; champion.
-ngubo (n) (ingubo, izingubo), blanket; clothes.
-ngulube (n) (ingulube, izingulube), pig.
-Nguni (n) (isiNguni), Nguni language.
-Nguni (n) (umNguni, abaNguni), a person of Nguni stock.
-ngwe (n) (ingwe, izingwe), leopard.
-ngwengwe (n) (ungwengwe), lawn grass.
-ngwevu (n) (ingwevu, izingwevu), grey haired person; councillor.
ngxama (v), be angered.
-ngxemu (n) (ingxemu, izingxemu), squint-eyed person.
-ngxenye (n) (ingxenye), one side.
ngxepheza (v), sympathise.
-ngxibongo (n) (ingxibongo), small pox.
-ngxiwa (n) (ingxiwa, izingxiwa), bag used for carrying spears or other weapons.
-nhlanhla (n) (inhlanhla, izinhlanhla), good fortune; good luck.
nhlanhlatha (v), walk through veld not using a path.
-nhlokosela (n) (inhlokosela, izinhlokosela), stye on eye lid.
nika (v), give.
nikana (v), give to one another.
-nikazi (n) (umnikazi, abanikazi), owner.
nikela (v), make an offering; contribute.
-nikelo (n) (umnikelo, iminikelo), offering; contribution.
nikeza (v), pass on; hand over.

nikina (v), shake the head.

-nikiniki (n) (inikiniki, amanikiniki), torn, ragged clothes.

nikizela (v), wear torn clothes, go about in tatters.

nina (pron), you.

-nina (n) (inina, amanina), woman.

-nina (n) (unina, onina), his, her, or their mother.

-ninakhulu (n) (uninakhulu, oninakhulu), his, her, or their grandmother.

-ninalume (n) (uninalume, oninalume), his, her, or their maternal uncle.

-ninazala (n) (uninazala, oninazala), her mother-in-law.

ninda (v), smear; grease; daub.

-nindolo (n) (isinindolo, izinindolo), thick covering; large area; large town.

-ningi (adj), many; much.

-ningi (n) (iningi), the greater number.

-ningi (n) (ubuningi), abundance.

-ningizimu (n) (iNingizimu), South; wind from the South.

nini (adv), when.

-nini (n) (umnini, abanini), owner.

-nja (n) (inja, izinja), dog.

-njakazi (n) (injakazi, izinjakazi), bitch.

njalo (adv), in this manner; continually.

-njalo (rel), like that.

njalo-njalo (adv), for ever; continuously.

-njani (n) (ubunjani), condition; state.

-njani (rel), of what kind.

njengoba (conj), as; whereas; since.

-nje (rel), like this.

-njeya (rel), as yonder.

-njini (n) (injini, izinjini), engine; railway locomotive.

-njoloba (n) (injoloba, izinjoloba), rubber; elastic; eraser.

-njunju (n) (umnjunju, iminjunju), sharp, shooting pain.

nkaba (n) (inkaba, izinkaba), navel; place of birth.

-nkabi (n) (inkabi, izinkabi), ox any of the larger animals when castrated.

-nkala (n) (inkala, izinkala), crab.

-nkalankala (n) (inkalankala, izinkalankala), crab.

-nkambabeyibuza (n) (inkambabeyibuza, izinkambabezibuza), permanent scar.

-nkambiso (n) (inkambiso, izinkambiso), custom.

-nkambu (n) (inkambu, izinkambu), camp, paddock.

-nkani (n) (inkani, izinkani), discord; stubbornness; obstinacy.

-nkankane (n) (inkankane, amankankane), hadadah; ibis.

-nkantsha (n) (umnkantsha), bone marrow.

-nkanyezi (n) (inkanyezi, izinkanyezi), star.

-nkawu (n) (inkawu, izinkawu), monkey.

-nkedama (n) (ubunkedama), state of being an orphan.

-nkemba (n) (inkemba, izinkemba), sword.

-nkengane (n) (inkengane, amankengane), foreigner; low class person.

nkenketha (v), throb with pain, ache.

-nkentshane (n) (inkentshane, amankentshane), jackal.

-nkinsela (n) (inkinsela, izinkinsela), wealthy person; important person.

-nkomba (n) (unkomba, onkomba), forefinger; pointing finger.

-nkomponi (n) (inkomponi, izinkomponi), compound; barracks.

-nkondlo (n) (inkondlo, izinkondlo), hymn; anthem; song; poem; dance.

-nkonjane (n) (inkonjane, izinkonjane), swallow.

-nkonka (n) (unkonka, onkonka),
bush-buck (male).

-nkonkoni (n) (inkonkoni, izinko-
nkoni), blue wildebeest.

-nkonyane (n) (inkonyane, amanko-
nyane), calf; used also for the young
of the larger herbivores.

-Nkulunkulu (n) (uNkulunkulu,
oNkulunkulu), Deity, God; the
ancestral spirit of all mankind.

-nkume (n) (inkume, izinkume),
centipede.

-nkwa (n) (isinkwa, izinkwa), bread.

-nkwe (n) (isinkwe, izinkwe), bush-
baby.

-nkwethu (n) (inkwethu), dandruff.

nobabili (pron), both of you.

nobahlanu (pron), all five of you.

nobane (pron), all four of you.

nobathathu (pron), all three of you.

-nobhala (n) (unobhala, onobhala),
secretary.

-nodongo (n) (unodongo, onodongo),
drone bee.

nodwa (pron), you alone.

-nogolantethe (n) (unogolantethe,
onogolantethe), stork; locust bird.

-nogwaja (n) (unogwaja, onogwaja),
rabbit.

nokho (conj), nevertheless.

nokuba (conj), although.

noma (conj), although; even if.

nombela (v), hold on by means of
hands and feet.

-nomphelo (n) (unomphelo), final
result.

-nomthebe (n) (unomthebe, ono-
mthebe), queen ant.

nona (v), become fat.

-nondlini (n) (unondlini, onondlini),
a good milking cow.

-nongqayi (n) (unongqayi, onongqa-
yi), policeman; mounted policeman.

-noni (n) (inoni, amanoni), piece of
fat meat.

-nonina (n) (unonina, ononina), one
of the same kind.

nonke (pron), all of you.

-nono (n) (inono, amanono), careful
person; tidy person.

-nono (n) (ubunono), neatness.

nonophala (v), improve in health;
put on weight.

nonyaka (adv), this year.

notha (v), be well-to-do; be com-
fortable.

-notho (n) (umnotho), riches; pos-
sessions.

-noxhaka (n) (unoxhaka, onoxhaka),
steel trap.

-noyi (n) (umnoyi, iminoyi), louse nit.

nqaba (v), refuse.

-nqaba (n) (inqaba, izinqaba), fort.

nqabela (v), forbid.

nqaka (v), catch.

nqalanga (v), tie tightly.

-nqalathi (n) (inqalathi, izinqalathi),
skin bag.

-nqama (n) (inqama, izinqama), ram.

nqampuna (v), pluck; crop grass.

nqamuka (v), cease; break off.

nqamula (v), cause to cease; cut off;
walk across.

nqamuleza (v), torture; crucify.

-nqamulezo (n) (unqamulezo, izinqa-
mulezo), torture; crucifixion.

nqanda (v), turn back.

nqawuza (v), become angry.

-nqe (n) (inqe, amanqe), vulture.

-nqe (n) (isinqe, izinqe), buttock;
lower part (as of pot).

nqekuza (v), move head up and down
(as cttle or horses).

nqena(v), be lazy; be anxious.

nqiba v), beg for food.

nqikaza (v), hesitate, shrink back.

-nqina (n) (inqina, amanqina), lower
part of leg of animal.

-nqina (n) (inqina, izinqina), hunting
party.

nqoba (v), overcome; defeat.

-nqola (n) (inqola, izinqola), waggon.

-nqolobane (n) (inqolobane, izinqolobane), granary.

nqonqotha (v), knock (as on door).

-nqubulunjwana (n) (inqubulunjwana), chicken pox.

-nqulu (n) (inqulu, izinqulu), hip; hip bone.

nquma (v), cut; cut across; give a decision.

-nqumo (n) (isinqumo, izinqumo), decision.

nquna (v), go about naked.

-nqunu (n) (ubunqunu), nakedness.

-nqunu (rel), naked.

-nqwaba (n) (inqwaba, izinqwaba), heap.

nqwabela (v), heap up.

nqwamana (v) (meet unexpectedly.

-nsangu (n) (insangu), dagga; wild hemp.

-nsangwana (n) (insangwana), khaki weed.

-nselele (n) (inselele), challenge.

-nsephe (n) (insephe, izinsephe), springbok.

-nsika (n) (insika, izinsika), support; pole.

-nsimbi (n) (insimbi, izinsimbi), iron or other similar metal; bell.

-nsinde (n) (insinde), sweet grass.

-nsingizi (n) (insingizi, izinsingizi), ground horn-bill.

-nsipho (n) (insipho, izinsipho), soap.

-nsipho (n) (izinsipho), remains after beer has been brewed and strained.

-nsizwa (n) (insizwa, izinsizwa), young man.

-nso (n) (inso, izinso), kidney.

-nsumansumane (n) (insumansumane, izinsumansumane), fairy tale; inexplicable happening.

-nsumo (n) (insumo, izinsumo), fairy tale.

-nsundu (rel), brown.

nswininiza (v), whine; squeal.

-ntaba (n) (intaba, izintaba), hill; mountain.

ntambama (adv), in the afternoon.

-ntamo (n) (intamo, izintamo), neck.

-ntanabo (n) (umntanabo, abantababo), their child.

-ntanakhe (n) (umntanakhe, abantabakhe), his, her child.

-ntanakho (n) (umntanakho, abantabakho), your child.

-ntanami (n) (umntanami, abantabami), my child.

-ntandane (n) (intandane, izintandane), orphan.

-ntanenkosi (n) (umntanenkosi, abantabenkosi), child of the king; person of royal lineage.

-ntanethu (n) (umntanethu, abantabethu), our child; term used to greet any young girl.

-ntanga (n) (intanga, izintanga), person of same age set; age set.

ntanganye (adv), of same age set.

ntanta(v), float.

ntantatheka (v), move about without purpose.

ntela (v), jest; joke.

ntenga (v), sway about.

-ntinginono (n) (intinginono, izintinginono), secretary bird.

ntinini (ideo), of great speed in running.

ntinyela (v), sting (as bee or hornet).

-ntolibhantshi (n) intolibhantshi, izintolibhantshi), waistcoat.

-ntombazana (n) (intombazana, amantombazana), girl.

-ntombi (n) (intombi, izintombi), girl (grown).

-ntombi (n) (ubuntombi), virginity; girlhood.

-ntongomane (n) (intongomane, amantongomane), monkey nut, peanut.

-ntshe (n) (intshe, izintshe), ostrich.

-ntshebe (n) (intshebe, izintshebe), long beard; bearded person.

ntshinga (v), throw away.

ntshontsha (v), steal.

-ntu (n) (isintu), Bantu language; Bantu culture.

-ntu (n) (ubuntu), human nature.

-ntu (n) (umuntu, abantu), human being; Bantu person.

-ntukazana (n) (umuntukazana, abantukazana), a commoner; a poor man.

ntula (v), be in need of.

ntuleka (v), be required.

-ntulo (n) (intulo, izintulo), gecko; lizard.

-ntunja (n) (intunja, izintunja), small opening; small hole.

-ntuthwane (n) (intuthwane, izintuthwane), ant.

-ntwala (n) (intwala, izintwala), body louse.

-ntwana (n) (ubuntwana), childishness; childhood.

-ntwana (n) (umntwana, abantwana), child; member of the royal family.

ntwela (v), commence to become light; dawn.

nuka (v), smell; emit an odour; smell out (divine).

-nuku (n) (inuku, amanuku), untidy person; dirty person.

nukubeza (v), slander.

-nunu (n) (inunu, izinunu), any small unpleasant animal.

-nwabu (n) (unwabu, izinwabu), chameleon.

nwaya (v), scratch (an itchy part).

-nwe (n) (umunwe, iminwe), finger; unit.

nweba (v), stretch out; extend.

-nwele (n) (unwele, izinwele), hair (human).

-nxala (n) (inxala, amanxala), rhebok.

-nxantathu (n) (inxantathu, izinxantathu), triangle.

nxanye (adv), on one side.

nxapha (v), be annoyed; make sounds of annoyance.

nxazonke (adv), on all sides.

-nxeba (n) (inxeba, amanxeba), wound; pretext.

-nxele (n) (inxele, amanxele), left-handed person.

-nxele (n) (isinxele), left hand.

-nxemu (n) (inxemu, izinxemu), one who squints.

-nxi (n) (isinxi), fainting fit.

nxiba (v), beg food.

-nxibi (n) (isinxibi, izinxibi), beggar.

-nxuluma (n) (inxuluma, amanxuluma), large kraal of many huts.

nxusa (v), entreat; ask a favour.

-nxusa (n) (inxusa, amanxusa), chief's messenger; envoy, ambassador.

nya (v) (ukunya), pass excreta.

-nya (n) (ulunya), harshness; cruelty.

-nyaka (n) (umnyaka, iminyaka), year.

-nyaka (n), (unyaka), year.

-Nyakatho (n) (iNyakatho), North; North wind.

nyakaza (v), move about.

nyakenye (adv), last year; next year.

nyakomunye (adv), the year before last; the year after next.

-nyala (n) (amanyala), excreta; filth.

-nyala (n) (inyala, izinyala), Nyala antelope.

-nyama (inyama, izinyama), meat; flesh.

-nyama (n) (umnyama), darkness.

nyamalala (v), disappear; vanish.

-nyamazane (n) (inyamazane, izinyamazane), buck; game.

-nyanda (n) (inyanda, izinyanda), bundle of grass; bundle of wood; head load.

-nyanga (n) (inyanga, izinyanga), month; moon; doctor (herbalist).

-nyanga (n) (ubunyanga), calling of doctor (herbalist).

-**nyango** (n) (umnyango, iminyango), doorway; door.

nyanisa (v), take an oath; affirm.

-**nyaniso** (n) (inyaniso), truth.

nyanta (v), feel uncomfortable (stomach), feel nausea.

nyathela (v), tread on; stamp on.

-**nyathelo** (n) (isinyathelo, izinyathelo), footstep; footmark; steps (to take).

-**nyathi** (n) (inyathi, izinyathi), buffalo.

-**nyawo** (n) (unyawo, izinyawo), foot, footprint.

-**nyazi** (n) (unyazi), flash of lightning.

-**nye** (n) (isinye, izinye), bladder (urine).

-**nye** (n) (ubunye), singular; unity.

nyela (v), become sprained; dislocated.

nyelela (v), slink off.

-**nyendle** (n) (inyendle, izinyendle), cricket.

nyenya (v), steal away, move stealthily.

nyenyeza (v), whisper; sprinkle.

-**nyezi** (n) (unyezi), moonlight.

nyiba (v), draw back.

nyikwe (n) (inyikwe, amanyikwe), pancreas; sweetbread.

-**nyoka** (n) (inyoka, izinyoka), snake.

-**nyoka** (n) (ubunyoka), craftiness.

-**nyoko** (n) (unyoko, onyoko), your mother.

-**nyokozala** (n) (unyokozala, onyokozala), your mother-in-law.

nyomula (v), pull out.

-**nyonga** (n) (inyonga, amanyonga), thigh joint; lower part of back above buttocks.

-**nyonga** (n) (unyonga, izinyonga), one who walks lamely; person with cripple thigh.

-**nyongo** (n) (inyongo, izinyongo), bile; (ingqalathi yenyongo), gall bladder.

-**nyoni** (n) (inyoni, izinyoni), bird.

-**nyoninco** (n) (ubunyoninco), cleverness; brilliance.

nyonkoloza (v), have sly, deceitful look; eye balefully.

nyonyoba (v), creep; stalk.

-**nyosi** (n) (inyosi, izinyosi), bee; honey.

nyova (adv), backwards.

-**nyovu** (n) (umnyovu, iminyovu), wasp.

-**nyu** (n) (umunyu), pity; sympathy.

-**nyube** (n) (unyube, onyube), self-conscious person; reserved person.

-**nyumba** (n) (inyumba, izinyumba), barren female (human or animal).

-**nyumbakazi** (n) (inyumbakazi, izinyumbakazi), barren cow.

-**nyumbazana** (n) (inyumbazana, izinyumbazana), disliked person or animal.

nyunda (v), run down; slander; speak ill of.

-**nyuzi** (n) (umnyuzi, iminyuzi), mule.

-**nzi** (n) (amanzi), water.

-**nzima** (n) (ubunzima), heaviness; weight.

-**nzima** (rel), heavy; difficult.

-**nzonzo** (n) (inzonzo, amanzonzo), thin legs of a person; legs of a bird.

O

-**oba** (n) (umoba), sugar cane.

obabo (pron), theirs.

obakhe (pron), his.

obakho (pron), yours.

obala (adv), in the open; clearly obviously.

obami (pron), mine.

obaso (pron), its.

obawo (pron), theirs.
obayo (pron), theirs.
obazo (pron), theirs.
obenu (pron), yours.
obethu (pron), ours.
odwa (pron), only them.
okha (v), to light (as a fire, a pipe); spread rumours about.
okhela (v), set fire to; set light to.
okwabo (pron), theirs.
okwakhe (pron), his; hers.
okwakho (pron), yours.
okwalo (pron), its.
okwami (pron), mine.
okwaso (pron), its.
okwawo (pron), its; theirs.
okwayo (pron), its; theirs.
okwazo (pron), theirs.
okwenu (pron), yours.
okwethu (pron), ours.
olwabo (pron), theirs.
olwakhe (pron), his; hers.
olwakho (pron), yours.
olwalo (pron), its.
olwami (pron), mine.
olwandle (adv), on the sea.
olwaso (pron), its.
olwawo (pron), theirs.
olwayo (pron), its; theirs.
olwazo (pron), theirs.
olwenu (pron), yours.
olwethu (pron), ours.
oma (v), become dry; be thirsty; be emaciated.
omabili (pron), both.
omahlanu (pron), all five.
omane (pron), all four.
omathathu (pron), all three.
ona (v), spoil; do wrong to.

-ona (n) (isona, izona), witchweed.
-ona (n) (umona), envy; jealousy.
onakala (v), become spoilt; be injured.
-onakalo (n) (umonakalo), mishap, damage.
onda (v), become thin.
ondla (v), rear; nourish.
-ondli (n) (umondli, abondli), one who rears; one who nourishes.
-ondlo (n) (isondlo, izondlo), payment for the keep of someone; board.
onga (v), save; be careful.
-ongameli (n) (umongameli, abongameli), chairman; president; presiding officer.
-oni (n) (isoni, izoni), wrong doer.
-ono (n) (isono, izono), wrong; sin.
opha (v), bleed.
osa (v), roast.
otha (v), warm oneself; inform against.
-ovu (n) (ubovu), pus.
-ovu (n) (umovu), beeswax.
owabo (pron), theirs.
owakhe (pron), his; hers.
owakho (pron), yours.
owalo (pron), its; his.
owami (pron), mine.
owaso (pron), its; his; hers.
owawo (pron), its; theirs.
owayo (pron), its; theirs.
owazo (pron), theirs.
owenu (pron), yours.
owethu (pron), ours.
-oya (n) (uboya), wool; hair (animal), hair on the body.
-oya (n) (umoya, imimoya), spirit.
ozela (v), be drowsy.

P

-palamende (n) (ipalamende, amapalamende), parliament.
pani (n) (ipani, amapani), frying pan.

-pani (n) (isipani, izipani), span of oxen, etc.
paquluka (v), struggle free.
-pasi (n) (ipasi, amapasi), pass.

patalala (v), cave in, collapse.

-pawundi (n) (ipawundi, amapawundi), pound weight.

-payipi (n) (ipayipi, amapayipi), drain pipe.

-peke (n) (isipeke, izipeke), bacon.

-pelepele (n) (upelepele, opelepele), pepper; chillies.

penda (v), to paint.

-pende (n) (upende, opende), paint.

-penetu (n) (isipenetu, izipenetu), pin; safety pin.

-peni (n) (ipeni, amapeni), pen.

-peni (n) (upeni, openi), threepence.

-pensele (n) (ipensele, amapensele), pencil.

-pete (n) (upete), knock-kneed person.

-petiroli (n) (upetiroli), petrol.

-petshisi (n) (ipetshisi, amapetshisi), peach (fruit).

-petshisi (n) (umpetshisi, imipetshisi), peach tree.

pewula (v), turn over; capsize.

-pha (v) (ukupha), give.

-phahla (n) (iphahla, amaphahla), twin.

-phahla (n) (impahla, izimpahla), belongings, goods; domestic animals as cattle and donkeys.

-phahla (n) (uphahla, izimpahla), roof; framework.

phahluka (v), speak without prior thought.

phaka (v), serve (as food).

phakade (adv), for ever.

phakama (v), rise upwards; be promoted; become well known.

phakamisa (v), raise up; promote; propose (as at a meeting).

-phakamiso (n) (isiphakamiso, iziphakamiso), proposal.

-phakanyiswa (n) (isiphakanyiswa, iziphakanyiswa), promoted person.

phakathi (adv), inside; in the middle.

-phakathi (n) (umphakathi, imiphakathi), assembly of men.

-phako (n) (umphako, imiphako), provisions; food for a journey.

phala (v), scrape.

-phalafini (n) (uphalafini), paraffin.

phalaza (v), vomit after taking emetic.

-phalishi (n) (iphalishi, amaphalishi), porridge.

phamba (v), deceive; play a trick on.

phambana (v), pass one another; cross one another; be at loggerheads.

phambanisa (v), confuse; cross (as sticks).

-phambano (n) (isiphambano, iziphambano), cross.

phambeka (v), become confused.

phambi (adv), in front of.

phambili (adv), before; in front.

phambuka (v), branch off; leave the main road.

phambukela (v), branch off to or for.

phanda (v), dig.

phandla (v), wear down (as grass); dazzle.

-phandla (n) (impandla, izimpandla), bald head; person with bald head.

phandle (adv), outside.

-phandle (n) (amaphandle), parts of country away from towns or villages.

phanga (v), rob; act greedily.

-phanga (n) (isiphanga, iziphanga), shoulder blade.

phangalala (v), die.

-phangi (n) (umphangi, abaphangi), robber.

phangisa (v), hurry; hasten.

-phango (n) (iphango), hunger.

phansi (adv), beneath; below; down.

phanyeka (v), hang up; execute by hanging.

phaphalaza (v), miss the mark; state case badly.

phaphama (v), waken up.

phaphatheka (v), run off in wild uncontrolled manner; speak wildly without thought; fade in colour.

-phaphe (n) (uphaphe, izimpaphe), feather.

-phaphi (n) (abaphaphi), spirits causing insanity.

-phaphu (n) (iphaphu, amaphaphu), lung.

phasa (v), constipate; support.

phatha (v), hold; handle.

phathela (v), carry for, hold for; look after for.

-phathi (n) (umphathi, abaphathi), one in charge.

phathisa (v), help to carry; commission.

-phatho (n) (impatho), treatment.

-phawu (n) (uphawu, izimpawu), mark; brand.

phawula (v), mark; brand; mention.

-phayinaphu (n) (uphayinaphu, ophayinaphu), pineapple.

phazamisa (v), disturb; interrupt.

phefumula (v), breathe.

-phefumulo (n) (umphefumulo, imiphefumulo), breath.

phehla (v), churn; stir; produce heat by friction; bore a hole.

pheka (v), cook.

-pheki (n) (umpheki, abapheki), cook.

phela (adv), indeed; truly.

-phela (n) (iphela, amaphela), cockroach.

phela (v), get finished.

phelekezela (v), accompany.

-phelekezeli (n) (umphelekezeli, abaphelekezeli), one who accompanies; escort.

phemba (v), light a fire; initiate an action.

-pheme (n) (umpheme, imipheme), screen.

-phempethwane (n) (uphempethwane, ophempethwane), cobra type of snake.

phenduka (v), turn over; turn around; repent.

phendukela (v), turn against.

phendula (v), turn over; turn round; answer.

-phendulo (n) (impendulo, izimpendulo), answer; reply.

phenya (v), search; turn over.

phepha (v), escape; avoid injury.

-phepha (n) (iphepha, amaphepha), paper; playing card.

phephela (v), escape to or in.

-phephelo (n) (isiphephelo, iziphephelo), shelter; refuge.

phephetha (v), blow (as wind).

phephisa (v), sympathise; help to escape.

-phepho (n) (isiphepho, iziphepho), strong wind.

phephuka (v), be blown away.

phephula (v), blow away.

phesheya (adv), on the other side; overseas.

phetha (v), complete; end off; make a hem.

-phetho (n) (isiphetho, iziphetho), conclusion.

-phetho (n) (umphetho, imiphetho), hem.

-phethu (n) (impethu, izimpethu), maggot.

-phethu (n) (isiphethu, iziphethu), spring of water.

pheza (v), leave off; discontinue.

phezu (adv), on top of.

phezulu (adv), above; on top.

-phezulu (n) (umphezulu), heavens; firmanent; lightning.

phica (v), weave; play a trick on.

phihliza (v), smash to pieces.

phika (v), deny.

phikelela (v), persist.

phikisa (v), contradict.

phikisana (v), argue.

-phiko (n) (iphiko, amaphiko), wing.

phila (v), be in good health; live.

-philo (n) (impilo), health.

-phimbo (n) (iphimbo, amaphimbo), voice (as for song).

-phimbo (n) (umphimbo, imiphimbo) throat.

phimisa (v), spit out; pronounce clearly.

phinda (v), do again; fold; return.

phinde (conj), never.

phindela (v), return.

phindisa (v), retaliate.

phinga (v), commit adultery.

-phingi (n) (isiphingi, iziphingi), adulterer; adulteress.

-phini (n) (iphini, amaphini), stick for stirring; oar.

phisa (v), brew beer.

phisela (v), attach spear or axe head to handle; prepare for war.

-phisi (n) (iphisi, amaphisi), keen and good hunter.

-phisi (n) (impisi, izimpisi), hyena.

-phithi (n) (iphithi, amaphithi), bluebuck.

phithiza (v), move in disorganised manner.

-pho (n) (isipho, izipho), gift.

phofisa (v), make poor; denude.

phola (v), heal; be cool; be calm.

-phondo (n) (uphondo, izimpondo), horn.

-phongo (n) (impongo, izimpongo), ram of goat.

-phongo (n) (isiphongo, iziphongo), forehead.

-phongolo (n) (umphongolo, imiphongolo), barrel; drum (as oil drum).

phonsa (v), throw; bewitch.

-phonsiso (n) (isiphonsiso, iziphonsiso), mistake.

-phopho (n) (uphopho, ophopho), papaw.

-phophoma (n) (impophoma, izimpophoma), waterfall.

phoqa (v), compel.

phosa (phonsa) (v), throw.

phosisa (v), make a mistake; err.

photha (v), plait; twist together.

-phova (n) (impova), pollen.

phoxa (v), embarrass.

-phoyisa (n) (iphoyisa, amaphoyisa), policeman.

phozisa (v), make cool.

phubuka (v), break out into loud laughter or song; cry loudly.

phuca (v), shave.

-phuco (n) (impuco, izimpuco), razor.

phucuka (v), become civilised; become smooth.

-phucuko (n) (impucuko), civilisation.

phucula (v), smooth by rubbing.

phuka (v), be broken.

-phuku (n) (impuku, izimpuku), rat.

-phuku (n) (isiphuku, iziphuku), kaross; skin blanket.

phukula (v), pout the lips.

phula (v), break.

phulula (v), stroke; rub.

phuma (v), come out; go out.

phumelela (v), succeed.

-phumelelo (n) (impumelelo), success.

phumputha (v), grope about as if blind.

-phumputhe (n) (impumputhe, izimpumputhe), blind person.

phumula (v), rest.

-phumulo (n) (impumulo, izimpumulo), nose.

phumuza (v), relieve.

-phundu (n) (isiphundu, iziphundu), back of head.

phunga (v), whisk away (as flies); drink hot liquid.

-phunga (n) (iphunga, amaphunga), odour; smell.

phunguka (v), become less (in number or quantity).

phungula (v), decrease; take some out of.

phunyuka (v), escape from; slip away from.

phunza (v), have miscarriage (of animals.).

-phunzi (n) (impunzi, izimpunzi), duiker.

-phunzi (n) (isiphunzi, iziphunzi), tree stump.

phupha (v), dream; lose colour or taste.

-phupho (n) (iphupho, amaphupho), dream.

-phuphu (n) (iphuphu, amaphuphu), fledgling; young of bird.

phuphuma (v), overflow.

phuphutheka (v), wander about in dazed manner; go about blindly.

phutha (v), fail; be absent.

-phutha (n) (iphutha, amaphutha), mistake; failing.

-phuthu (n) (uphuthu), thick porridge cooked with little water.

phuthuma (v), hasten; hurry.

phuza (v), drink; be late; be slow.

-phuzi (n) (iphuzi, amaphuzi), pumpkin.

phuzisa (v), give to drink.

-phuzu (n) (iphuzu, amaphuzu), hindrance; obstruction; protuberance.

-piki (n) (ipiki, amapiki), pick.

-pikili (n) (isipikili, izipikili), nail.

-pipi (n) (ipipi, amapipi), pipe (smoking).

-poki (n) (isipoki, izipoki), ghost.

-pondo (n) (upondo, opondo), pound (money).

popola (v), look through a microscope or telescope; examine with a stethoscope.

-posi (n) (iposi, amaposi), post; mail.

-pulangwe (n) (ipulangwe, amapulangwe), plank.

-pulazi (n) (ipulazi, amapulazi), farm.

-puleti (n) (ipuleti, amapuleti), plate.

-punu (n) (isipunu, izipunu), spoon.

Q

-qaba (n) (iqaba, amaqaba), heathen.

-qaba (n) (ubuqaba), lack of culture; heathenism.

qabula (v), kiss.

-qabunga (n) (iqabunga, amaqabunga), leaf.

-qadolo (n) (uqadolo), black-jack (weed).

qagela (v), guess.

-qakala (n) (iqakala, amaqakala), ankle.

qala (v), begin, commence; annoy.

-qala (n) (umqala, imiqala), neck.

qalanqa (qalanga) (v), bind tightly.

qalaza (v), look about; glance around.

qaleka (v), become faint.

qalekisa (v), cause to become faint; curse.

-qalekiso (n) (isiqalekiso, iziqalekiso), curse.

-qalo (n) (isiqalo, iziqalo), beginning.

-qalo (n) (uqalo, izinqalo), bamboo.

qamba (v), make up; invent; compose.

qambela (v), lie about; accuse falsely.

-qambi (n) (umqambi, abaqambi), composer; inventor; founder.

qamela (v), rest head (pillow).

-qamelo (n) (umqamelo, imiqamelo), head-rest.

qamunda (v), talk without ceasing.

qanda (v), be cold.

-qanda (n) (iqanda, amaqanda), egg.

qandelela (v), guess.

-qansa (n) (umqansa, imiqansa), steep road; steep climb.

qapha (v), be careful; be on the lookout.

qaphela (v), watch out for.

qaqa (v), rip open; undo.

-qaqa (n) (iqaqa, amaqaqa), polecat.

qaqamba (v), throb; ache.

qasha (v), hire; rent.

-qashi (n) (umqashi, abaqashi), tenant.

-qashisi (n) (umqashisi, abaqashisi), landlord.

-qatha (n) (iqatha, amaqatha), small piece of meat.

-qathane (n) (umqathane, imiqathane) hard biscuit.

qeda (v), finish; complete.

qede (adv), as soon as.

qedela (v), finish off; kill.

-qele (n) (iqele, amaqele), hill side; slope.

-qembu (n) (iqembu, amaqembu), small group of people.

qembuka (v), become divided; separated.

-qephu (n) (isiqephu, iziqephu), small piece.

-qeqeba (n) (iqeqeba, amaqeqeba), flat cake (as food); layer.

qhabo (interj), no; never.

qhakaza (v), bloom.

qhama (v), be outstanding; be clearly visible.

qhamuka (v), appear; come into view.

-qhano (n) (isiqhano, iziqhano), safety pin.

qhaqha (v), rip open; undo; unpick; demolish.

qhaqhazela (v), tremble.

qhasha (v), jump away; fly off (as a chip).

qhatha (v), initiate a quarrel or fight between two people.

qhathanisa (v), correlate, compare, contrast.

-qhawe (n) (iqhawe, amaqhawe), hero; brave person.

-qhawe (n) (ubuqhawe), heroism; bravery.

qhekeka (v), crack.

qhela (v), move aside.

-qhele (n) (umqhele, imiqhele), crown.

qhelisa (v), cause to move out of the way.

qheluka (v), move aside.

qhenya (v), to be proud; (ukuziqhenya), to be proud of oneself.

-qhewu (n) (umqhewu, imiqhewu); slit in coat or skirt; opening.

-qhezu (n) (iqhezu, amaqhezu), chip, small piece.

qhina (v), plait the hair; dress the hair.

-qhina (n) (iqhina, amaqhina), steinbok.

-qhingi (n) (isiqhingi, iziqhingi), island.

qhiyama (v), stand erect; sit up straight.

qhobosha (v), kneehalter.

-qhoqhoqho (n) (uqhoqhoqho, oqhoqhoqho), wind-pipe.

qhosha (v), button up; be boastful.

-qhotho (n) (isiqhotho), hail.

-qhotho (n) (uqhotho), dry thong; shrivelled thing.

qhuba (v), drive along.

qhubeka (v), make progress.

-qhubo (n) (inqubo), progress; procedure.

-qhude (n) (iqhude, amaqhude), rooster.

qhudela (v), show fight; challenge.

qhudelana (v), compete.

qhuga (v), limp.

-qhugwane (n) (iqhugwane, amaqhugwane), beehive shaped hut; small native hut.

qhulula (v), strip off; bear many young as a cat or a rabbit.

qhuma (v), explode; burst; germinate.

qhuqha (v), tremble; shiver.

-qhuqho (n) (uqhuqho), malaria.

-qhuqhumba (n) (iqhuqhumba, amaqhuqhumba), pimple.

-qhwa (n) (iqhwa), snow.

-qhwaga (n) (isiqhwaga, iziqhwaga), strong person; giant.

qhwanda (v), scratch (as a fowl); dig over the surface.

qhweba (v), beckon.

qikelela (v), guard against, be on the look-out for.

-qili (n) (iqili, amaqili), crafty person.

-qili (n) (ubuqili), craftiness.

qimba (v), be naked.

-qimba (n) (amaqimba), wrinkles.

qina (v), be hard or firm; be crafty; become well.

qinela (v), take advantage of.

qinisa (v), tighten; make firm.

-qiniso (n) (iqiniso, amaqiniso), truth.

-qinti (n) (isiqinti, iziqinti), small piece of land.

qoba (v), cut into small pieces.

qoka (v), choose.

-qola (n) (iqola, amaqola), butcher bird; gangster.

-qolo (n) (iqolo), small of back.

qoma (v), select a lover; choose.

-qoma (n) (iqoma, amaqoma), large grass basket.

qomisa (v), court.

qonda (v), straight; go straight towards; understand.

qondakala (v), be understandable.

qondisa (v), straighten; direct.

-qondo (n) (ingqondo, izingqondo), knowledge; common sense; habitual criminal.

-qondo (n) (umqondo, imiqondo), meaning.

qongelela (v), heap up.

-qongo (n) (isiqongo, iziqongo), summit.

qongqa (v), become well known.

-qonqela (n) (iqonqela, amaqonqela), selfish, stingy person.

qopha (v), cut pieces out of (usually wood, for decoration).

-qophamuthi (n) (isiqophamuthi, iziqophamuthi), woodpecker.

qoqa (v), gather together; collect.

qoqana (v), collect together; assemble.

-qoqo (n) (iqoqo, amaqoqo), collection; anthology.

qoshama (v), squat on haunches.

-qotho (rel), honest.

qothula (v), finish off; denude completely.

-qu (n) (isiqu, iziqu), root; origin.

-quba (n) (umquba), manure.

-qubu (n) (iqubu, amaqubu), soft feather.

qubuka (v), erupt; break out in a rash.

qukatha (v), contain; include.

-qukulu (n) (uqukulu, oqukulu), big toe.

qula (v), to try a case; give judgement.

quleka (v), faint.

-qulo (n) (iqulo, amaqulo), swarm (as bees); cluster.

qumba (v), suffer from indigestion; swell out.

-qumbe (n) (umqumbe, imiqumbe), bud.

-qumbi (n) (ingqumbi, izingqumbi), mass; great heap.

-qumbu (n) (uqumbu, oqumbu), queen termite.

qunda (v), blunt.

-qunga (n) (isiqunga, iziqunga), tambootie grass.

-qupha (n) (iqupha, amaqupha), knuckle.

-ququ (n) (iququ), strong unpleasant odour.

ququda (v), gnaw; grind the teeth.

-ququva (n) (iququva, amaququva), blister.

-ququva (n) (isiququva, iziququva), large-bodied person.

-qwanga (n) (uqwanga, izinqwanga), cartilage.

qwasha (v), be awake; be unable to sleep.

-qwayiba (n) (umqwayiba, imiqwayiba), dried meat; biltong.

-qweqwe (n) (uqweqwe, izingqweqwe), scab on sore; hard crust.

R

-randi (n) (irandi, amarandi), rand (money).

rayisi (n) (irayisi), rice.

-risese (n) (urisese, orisese), playtime at school.

-rula (n) (irula, amarula), ruler.

S

sa (v) (ukusa), dawn.

-sa (n) (ukusa), the dawn.

-sa (n) (umusa), kindness.

saba (v) (esaba), fear; be afraid.

sabalala (v), be scattered about.

sabeka (v), be wonderful; be terrifying.

sabela (v), answer; reply.

sabisa (v), frighten.

sabo (poss), their.

saha (n) (isaha, amasaha), saw.

-sahi (n) (umsahi, abasahi), one who saws.

-saho (n) (umsaho, imisaho), cutting (as in side of hill).

-saka (n) (isaka, amasaka), sack.

-sakabuli (n) (isakabuli, amasakabuli), black-tailed finch.

sakaza (v), smash; strike heavily! scatter about.

-sakazana (n) (usakazana, osakazana), sugar pocket.

sakhe (poss), his; her.

sakho (poss), your.

sala (v), be left over; remain behind.

-salela (n) (insalela, izinsalela), remains; remnants.

salo (poss), his; its.

-samaniso (n) (isamaniso, amasamaniso), legal summons.

sami (poss), my.

-samo (n) (umsamo), back portion of hut.

sangana (v), be confused.

-sango (n) (isango, amasango), gate; gateway.

santungwana (adv), have an appetising odour particularly of meat.

saphaza (v), splash (liquid); squander; use wastefully.

-sapho (n) (usapho), members of a family.

-sasane (n) (umsasane, imisasane), flat crown tree.

sasazela (v), urge a dog on to attack.

sawo (poss), its; their.

-sawoti (n) (usawoti), salt.

sayina (v), make a signature.

sayinisa (v), cause to sign; to swear to a statement.

-sayitsheni (n) (usayitsheni, osayitsheni), sergeant.

sayo (poss), its; their.

sazo (poss), their.

-sebe (n) (usebe), shore; margin.

-sebe (n) (umsebe, imisebe), ray of sunlight.

sebenza (v), work.

-sebenzi (n) (isisebenzi, izisebenzi), servant.

-sebenzi (n) (umsebenzi, imisebenzi), work.

sebenzisa (v), cause to work; assist; make use of.

sefa (v), sift.

-sefo (n) (isisefo, izisefo), sieve; strainer.

seka (v), support.

sekela (v), prop up; support.

-sekela (n) (isekela, amasekela), assistant.

-sekelo (n) (isisekelo, izisekelo), support.

-sela (n) (isela, amasela), thief.

-sele (n) (isele, amasele), frog; toad.

-sele (n) (umsele, imisele), furrow; ditch.

-selesele (n) (iselesele, amaselesele), frog.

selokhu (conj), ever since.

-selwa (n) (iselwa, amaselwa), marrow; edible calabash.

-semende (n) (usemende, osemende), cement.

-sende (n) (isende, amasende), testicle.

senga (v), milk.

sengathi (conj), apparently.

-senge (n) (umsenge, imisenge), cabbage tree.

-sengwakazi (n) (insengwakazi, izinsengwakazi), good milking cow.

-senti (n) (isenti, amasenti), cent.

sesha (v), cross question; investigate (as crime).

-seshi (n) (umseshi, abaseshi), detective.

sethu (poss), our.

sha (v) (ukusha), burn; dry up; lose voice.

-sha (n) (intsha), younger generation.

shabalala (v), disappear; come to nothing.

-shabhu (n) (ishabhu, amashabhu), work shop.

-shabusuku (n) (intshabusuku, izintshabusuku), blister resulting from internal disorder.

shada (v), marry, by other than customary rites.

-shadi (n) (ishadi, amashadi), chart.

-shado (n) (umshado, imishado), marriage, by civil or Christian rites.

shanela (v), sweep.

-shanelo (n) (umshanelo, imishanelo), broom.

shanyela (v), sweep.

shaqa (v), be astonished; be acrid; shrink up.

shaqeka (v), be amazed.

-shashalazi (n) (ishashalazi, amashashalazi), bare piece of land; cleared piece of land.

-shashazi (n) (ishashazi, amashashazi), pustule.

shaya (v), strike; punish; play (as an instrument or a ball).

shayana (v), hit one another.

shayela (v), drive (as a team of horses or motor car); hammer in.

-shayeli (n) (umshayeli, abashayeli), driver(of team or motor car).

shazwa (v), be frost-bitten.

-sheke (n) (isheke, amasheke), cheque.

shela (v), court; woo.

shelela (v), slide; slip.

-sheleni (n) (usheleni, osheleni), shilling.

-sheli (n) (isisheli, izisheli), suitor.

-shende (n) (ishende, amashende), lover, other than the recognised one.

shesha (v), make haste.

-sheshane (n) (umsheshane, imisheshane), cultivator.

sheshisa (v), be quick; weed field with cultivator.

-shevu (n) (ushevu), poison.

shibha (v), be cheap.

-shibhoshi (n) (ushibhoshi), sheep-dip.

-shimula (n) (ushimula, oshimula), chimney.

shinga (v), act foolishly; act disrespectfully.

-shinga (n) (ishinga, amashinga), mischievous person.

-shini (n) (umshini, imishini), machine.

shintsha (v), change.

-shintshi (n) (ushintshi), change (money).

shiqela (v), ram in; push in.

shisa (v), burn; set alight.

shiseka (v), be anxious; be concerned.

shisekela (v), be eager for; earnest about.

-shisekelo (n) (intshisekelo), zeal.

shiya (v), abandon; leave behind.

-shiya (n) (ishiya, amashiya), eyebrow.

-shiyagalolunye (n) (isishiyagalolunye), nine.

-shiyagalombili (n) isishiyagalombili), eight.

shiyela (v), give tobacco to (as snuff).

-shiza (n) (umshiza, imishiza), heavy fighting stick.

-shizi (n) (ushizi, oshizi), cheese.

sho (v), say.

-sho (n) (umsho, imisho), sentence.

-shoba (n) (ishoba, amashoba), hairy tail; ornament made of such tails.

shobinga (v), urinate.

-shobingo (n) (umshobingo), urine.

shona (v), sink down (as in water or mud); set (as sun or moon); die; lose money.

-shonalanga (n) (iNtshonalanga), West.

-shongololo (n) (ishongololo, amashongololo), millipede.

-shosha (n) (isishosha, izishosha), cripple.

shoshozela (v), smart (as sore).

shuba (v), become thick (as food).

-shudo (n) (umshudo, imishudo), bolt (as on door).

shuka (v), soften by rubbing; tan leather.

-shukela (n) (ushukela), sugar.

shumayela (v), preach.

-shumayeli (n) (umshumayeli, abashumayeli), preacher.

-shumayelo (n) (intshumayelo, izintshumayelo), sermon.

-shumi (n) (ishumi, amashumi), ten.

-shungu (n) (ishungu, amashungu), snuff box.

shunqa (v), emit smoke.

shunqisela (v), make smoke for inhaling (medicinal).

shushisa (v), persecute; make restless.

-shushisi (n) (umshushisi, abashushisi), court prosecutor.

-shwa (n) (ishwa, amashwa), misfortune.

shwabana (v), shrink; crease.

shweleza (v), beg pardon.

-si (n) (amasi), curdled milk; sour milk.

-si (n) (umusi), steam.

siba (n) (usiba, izinsiba), long feather.

-sibalukhulu (n) (usibalukhulu, osibalukhulu), high official.

sibekela (v), cover with a lid.

sihlalo (n) (usihlalo, osihlalo), chairman.

sika (v), cut.

-sika (n) (ubusika), winter.

-sikazi (n) (insikazi, izinsikazi), female (animal).

-sikela (n) (isikela, amasikela), sickle.

-sikilidi (n) (usikilidi, osikilidi), cigarette.

-siko (n) (isiko, amasiko), custom.

-sila (n) (insila, izinsila), dirt on the human body.

-sila (n) (isisila, izisila), tail of bird.

-sila (n) (umsila, imisila), tail of animal.

-silaha (n) (isilaha, amasilaha), butchery.

siliva (n) (isiliva), silver.

-simba (n) (amasimba), excreta.

-simu (n) (insimu, amasimu), cultivated land; garden.

sina (v), dance.

sinda (v), be heavy; recover; smear floor with cow dung.

sindisa (v), redeem; cure.

-sindisi (n) (uMsindisi), Saviour.

-sindo (n) (isisindo, izisindo), weight.

-sindo (n) (umsindo, imisindo), noise.

sineka (v), grin.

singa (n) (isisinga, izisinga), rope for tying up calf, goat, etc.

-singa (n) (umsinga, imisinga), current; whirlpool.

singatha (v), hold in the arms (as a babe).

-sini (n) (insini), laughter; jeering.

-singo (n) (insingo, izinsingo), razor.

-sini (n) (insini, izinsini), gums.

-sini (n) (isisini, izisini), gap between teeth (as after tooth extraction).

-sinsi (n) (umsinsi, imisinsi), kaffirboom.

-sinsila (n) (umsinsila, imisinsila), coccyx.

-sipha (n) (umsipha, imisipha), muscle.

siphula (v), pull out (as weeds).

sisa (v), place animals in another person's kraal under an agreed arrangement.

sitha (v), hide from light; screen from view.

sitheka (v), be hidden from view.

sithela (v), get out of sight; disappear.

siza (v), help.

-sizi (n) (usizi, izinsizi), grief; sorrow.

-sizi (n) (umsizi, abasizi), helper.

-sizi (n) (umsizi), gunpowder.

-sizo (n) (usizo), help; aid.

-so (n) (ubuso), face.

-so (n) (umuso), the morrow.

-sobho (n) (isohbo, amasobho), soup; gravy.

sobabili (pron), both of us.

sobahlanu (pron), all five of us.

sobane (pron), all four of us.

-sobanibani (n) (usobanibani, osobanibani), a person unnamed; so-and-so.

sobathathu (pron), all three of us.

-sobo (n) (umsobo, imisobo), black edible berries (weed), solanum negrum.

sodwa (pron), we alone.

soka (v), circumcise.

-soka (n) (isoka, amasoka), recognised lover of a girl; man popular with women.

sokama (v), become wet.

-sokama (n) (umsokama), moisture.

-sokisi (n) (isokisi, amasokisi), knitted article; socks.

sola (v), find fault with; be suspicious.

-solo (n) (insolo, izinsolo), criticism.

-Somandla (n) (uSomandla), the Almighty.

sombuluka (v), become untied; become unrolled.

-sombuluko (n) (umSombuluko), Monday.

sona (pron), it; he; she.

sondela (v), come near; approach.

sondeza (v), bring close.

-sondo (n) (isondo, amasondo), wheel; hoof; hoof-print.

songa (v), fold up.

songela (v), plan against; fold for.

songelana (v), be constipated.

songeleka (v), be constipated.

sonke (pron), all of us; all of it.

sonta (v), go to church; twist.

-sonto (n) (isonto, amasonto), church building; church; Sunday; week.

sopha (v), to decide to.

-sosha (n) (isosha, amasosha), soldier.

-sota (n) (isota), cooking soda.

-soyi (n) (isoyi, amasoyi), sod.

-su (n) (isu, amasu), plan.

-su (n) (isisu, izisu), stomach; pregnancy.

subatha (v), run fast.

-sudi (n) (isudi, amasudi), suit.

suka (v), go off; commence.

-suka (n) (umsuka, imisuka), origin of the matter; root of tooth.

sukela (v), attack without reason; give chase.

-suku (n) (ubusuku), night.

-suku (n) (usuku, izinsuku), day.

sukuma (v), stand up.

sula (v), wipe; wipe out.

suleka (v), be wiped clean.

-sulu (n) (usulu), impolite laughter.

-Sulumani (n) (iSulumani, amaSulumani), Mohammedan.

-sumpa (n) (insumpa, izinsumpa), wart.

-sundu (n) (umsundu, imisundu), earthworm.

sunduza (v), push aside.

sungula (v), initiate, inaugurate.

-sunguli (n) (umsunguli, abasunguli), initiator, inaugurator, founder.

-sungulo (n) (usungulo, izinsungulo), awl.

susa (v), remove; subtract.

-susa (n) (isisusa), cause.

sutha (b), be satisfied.

-Suthu (n) (umSuthu, abeSuthu), member of the Suthu tribe.

-Suthu (n) (isiSuthu), Sotho language.

swaca (v), frown with anger.

swakama (v), become wet.

-swakama (n) (umswakama), moisture: (ukuswakama), humidity.

-swani (n) (umswani, imiswani), stomach contents of an herbivorous animal.

-swayi (n) (iswayi, amaswayi), salt.

-Swazi (n) (iSwazi, amaSwazi), member of Swazi tribe.

-Swazi (n) (isiSwazi), Swazi language.

-swazi (n) (uswazi, izinswazi), small stick; switch.

-swebhu (n) (isiswebhu, iziswebhu), whip.

swela (v), be in need of.

-swelaboya (n) (inswelaboya, izinswelaboya), gangster; evil doer.

sweleka (v), be needed.

-swenya (n) (umswenya, imiswenya), cut worm.

-swidi (n) (iswidi, amaswidi), sweet.

T

-tafula (n) (itafula, amatafula), table.

-taladi (n) (isitaladi, izitaladi), street.

-talagu (n) (utalagu), shimmering of heat; mirage.

-tamatisi (n) (utamatisi, otamatisi), tomato.

-tambu (n) (isitambu, izitambu), stamped mealies.

-tashi (n) (isitashi), starch.

-tata (n) (umtata, imitata), lagoon; wide expanse of water.

tatazela (v), act in an excited hurried manner.

-tayiteli (n) (itayiteli, amatayiteli), title deed.

-tebela (n) (isitebela, izitebela), halfpenny.

-tebele (n) (isitebele, izitebele), stable.

-tebhisi (n) (isitebhisi, izitebhisi), stairs; ladder; steps.

-tekenya (n) (itekenya, amatekenya), jigger flea.

tekula (v), speak jokingly.

-tembu (n) (isitembu, izitembu), stamp (postage).

-tende (n) (itende, amatende), tent.

-teshi (n) (isiteshi, iziteshi), station.

tetema (v), be uncertain; be peevish; be delicate.

-tezi (n) (isitezi, izitezi), double storey building.

-tha (n) (isitha, izitha), enemy.

-thafa (n) (ithafa, amathafa), level country.

thaka (v), mix together (as medicines).

thakatha (v), practise witchcraft.

-thakathaka (n) (ubuthakathaka), weakness (as following illness).

-thakathi (n) (umthakathi, abathakathi), one who practises witchcraft.

thakazela (v), welcome with pleasure.

-thakazelo (n) (isithakazelo, izithakazelo), an alternate clan name used in a friendly manner.

thamba (v), become tame; become soft.

thambeka (v), slope (easy incline).

thambisa (v), soften; tame.

-thambo (n) (ithambo, amathambo), bone.

-thambo (n) (intambo, izintambo), string; rope.

-thambo (n) (umthambo, imithambo), blood vessel.

thamela (v), bask in the sun.

-thamo (n) (ithamo, amathamo), mouthful, of something liquid.

-thamo (n) (umthamo, imithamo), mouthful, of food.

thamunda (v), gossip.

thanda (v), love; like; value.

thandabuza (v), be in doubt.

-thandani (n) (izithandani), lovers.

-thandathu (n) (isithandathu), six.

thandaza (v), pray.

-thandazo (n) (umthandazo, imithandazo), prayer.

thandela (v), wind around (as a piece of string).

-thandela (n) (intandela, izintandela), climbing plant.

-thando (n) (intando), will; freewill.

-thando (n) (uthando), love; liking.

-thandokazi (n) (intandokazi, izintandokazi), favourite.

-thandwa (n) (isithandwa, izithandwa), lover; sweetheart.

-thanga (n) (ithanga, amathanga), thigh; pumpkin.

-thangala (n) (umthangala, imithangala), kraal or camp wall of rough stone.

-thange (n) (ithange, amathange), tank.

-thango (n) (uthango, izintango), hedge; fence.

-thapho (n) (umthapho, imithapho), source of supply.

thasisela (v), add on to, in excess of the present amount.

thatha (v), take; marry.

-thathu (adj), three.

-thayela (n) (uthayela, othayela), corrugated iron.

-the (n) (amathe), spittle; (amathe onyawo), instep.

-thebe (n) (intebe, izintebe), arum lily plant.

-thebe (n) (isithebe, izithebe), eating mat.

thekela (v), beg food from a friend.

-theku (n) (itheku, amatheku), protected bay.

-thekwane (n) (uthekwane, othekwane), hammer-kop.

thela (v), pour; pay tax; give in (be defeated); bear fruit.

-thela (n) (intela, izintela), tax.

-thelezi (n) (intelezi, izintelezi), herbs and medicines with which the army was doctored.

thelisa (v), collect tax; impose a levy.

-thelisi (n) (umthelisi, abathelisi), collector of tax.

-thelo (n) (isithelo, izithelo), fruit.

themba (v), hope, trust.

-themba (n) (ithemba, amathemba), trust; hope.

thembeka (v), be trustworthy.

thembisa (v), promise.

-thembiso (n) (isithembiso, izithembiso), promise; undertaking.

-thembu (n) (isithembu, izithembu), plurality of wives; more than one wife.

-Thembu (n) (umThembu, abaThembu), member of Thembu tribe.

thena (v), castrate; prune.

-thende (n) (isithende, izithende), heel.

-thendele (n) (ithendele, amathendele), partridge.

thenga (v), buy.

thengela (v), serve in a store; buy for.

-thengi (n) (umthengi, abathengi), buyer; purchaser.

thengisa (v), sell.

-thengisi (n) (umthengisi, abathengisi), seller.

thetha (v), nag; speak in a nagging way; try a case at law.

-thethe (n) (intethe, izintethe), grasshopper.

thethelela (v), forgive.

-thethelelo (n) (intethelelo), forgiveness.

thethisa (v), scold.

-thetho (n) (umthetho, imithetho), law; rule.

theza (v), gather firewood.

-thi (n) (ubuthi), poison.

-thi (v) (ukuthi), to say.

-thi (n) (uthi, izinti), stick; twig.

-thi (n) (umuthi, imithi), tree; medicine.

thiba (v), stop; prevent.

thikameza (v), worry; disturb.

-thikamezo (n) (isithikamezo, izithikamezo), interruption distraction, disturbance.

thikazisa (v), worry; disturb; annoy.

-thikithi (n) (ithikithi, amathikithi), ticket.

-thile (-thize) (rel), certain.

-thimba (n) (umthimba, imithimba), bridal party.

thimula (v), sneeze; snort.

thina (pron), we.

-thingo (n) (uthingo, izintingo), cut saplings used for building.

-thingo-lwenkosikazi (n) (uthingo-lwenkosikazi, izintingo-zenkosikazi), rainbow.

-thini (n) (ithini, amathini), tin.

thinta (v), touch.

thintitha (v), shake out dust from.

-thisha (n) (uthisha, othisha), teacher.

-thivili (n) (isithivili, izithivili), farthing.

-thixo (n) (isithixo, izithixo), idol; god.

-Thixo (n) (uThixo), God.

thiya (v), hinder; trap.

-thiyo (n) (isithiyo, izithiyo), trap, snare; hindrance.

-tho (n) (into, izinto), article; thing.

-tho (n) (isitho, izitho), limb; joint of meat.

thoba (v), foment; bend down; humble oneself.

-thoba (n) (ithoba), nine.

-thobeko (n) (intobeko), humility.

-thofu (n) (umthofu, imithofu), lead.

-thokazi (n) (ithokazi, amathokazi), heifer.

-thokazi (n) (intokazi, izintokazi), maiden.

thokomala (v), be warm; be comfortable.

thokoza (v), be happy.

thokozisa (v), cause to be happy.

-thokozo (n) (intokozo, izintokozo), happiness.

thola (v), find, get; adopt.

tholakala (v), be found; be available.

-thole (n) (ithole, amathole), calf.

-thole (n) (isithole, izithole), heifer calf.

-tholo (n) (umtholo, imitholo), acacia black-wattle.

thomba (v), reach age of puberty; rust.

-thombe (n) (isithombe, izithombe), picture; statue.

-thombi (n) (intombi, izintombi), mature girl.

-thombo (n) (isithombo, izithombo), plant; seedling.

-thombo (n) (umthombo, imithombo), spring (water).

-thondo (n) (umthondo, imithondo), penis.

-thondolo (n) (intondolo, izintondolo), castrated goat.

-Thonga (n) (iThonga, amaThonga), member of Thonga tribe.

-Thonga (n) (isiThonga), Thonga language.

-thongo (n) (ithongo, amathongo), ancestral spirit.

-thongo (n) (isithongo, izithongo), sound asleep.

-thongo (n) (ubuthongo), sleep.

thonsa (v), drip.

-thonsi (n) (ithonsi, amathonsi), drop.

thonya (v), influence; fascinate; hypnotise.

-thonya (n) (ithonya, amathonya), influence; fascination; hypnotism.

thopha (v), flatter.

thosa (v), fry; roast.

-thoshi (n) (ithoshi, amathoshi), torch.

-thovothi (n) (umthovothi, imithovothi), jugular vein.

-thuba (n) (ithuba, amathuba), chance; opportunity.

-thuba (n) (intuba, izintuba), gateway; small opening.

thuka (v) (ukuthuka), be frightened; be startled; insult; swear.

-thuko (n) (isithuko, izithuko), insult; swear word.

-thuku (n) (ithuku, amathuku), large grub.

thukulula (v), untie.

thukusa (v), hide away for future use.

thukuthela (v), become annoyed; become angry.

-thukuthuku (n))isithukuthuku, izithukuthuku), beads of perspiration.

thula (v), be silent; be peaceful.

-thuli (n) (uthuli, izintuli), dust.

-thulu (n) (isithulu, izithulu), deaf person.

thulula (v), pour out (as grain from a bag).

thuma (v), send.

thumba (v), take captive.

-thumba (n) (ithumba, amathumba), abscess, boil, tumour.

-thumbu (n) (ithumbu, amathumbu), intestine; hose-pipe.

thumela (v), send for; send to.

-thuna (n) (ithuna, amathuna), grave.

-thundu (n) (ithundu. amathundu), brow; eye-ridge.

thunga (v), sew.

-thunga (n) (ithunga, amathunga), milk pail.

thungatha (v), follow a trail (as a dog on the scent).

-thungo (n) (umthungo, imithungo), sewing.

thunqa (v), give out smoke.

thunuka (v), hurt a sore place.

-thunywa (n) (isithunywa, izithnywa), messenger.

-thunzi (n) (ithunzi, amathunz shadow.

-thunzi (n) (isithunzi, izithunzi), prestige.

-thunzi (n) (umthunzi, imithunzi), shadow.

-thupha (n) (isithupha, izithupha), six; thumb.

thusa (v), frighten.

-thusi (n) (ithusi, amathusi), brass.

thutha (v), transfer from one dwelling place to another.

-thutha (n) (isithutha, izithutha), stupid person; ancestral spirit.

-thutha (n) (ubuthutha), stupidity.

-thuthu (n) (intuthu, izintuthu), smoke.

thuthuka (v), increase in size, importance or wealth; progress.

thuthumela (v), tremble.

-thuthuthu (n) (isithuthuthu, izithuthuthu), motor-bicycle.

-thuthuva (n) (uthuthuva, izintuthuva), unrest; disorderly conduct.

-thuthwane (n) (isithuthwane), epilepsy.

-Thwa (n) (umThwa, abaThwa), Bushman.

-thwabi (n) (ithwabi), hiccups.

thwala (v), carry.

-thwalambiza (n) (isithwalambiza, izithwalambiza), praying mantis.

-thwalo (n) (umthwalo, imithwalo), load.

thwasa (v), commence (as new season); wax (as new moon): enter apprenticeship for witchcraft or divination.

-thwathwa (n) (isithwathwa), frost.

thwesa (v), help to raise a head-load; cause to carry.

-tibili (n) (isitibili, izitibili), stirrup.

-tiki (n) (utiki, otiki), threepenny piece, 2½ cents.

-tilobho (n) (isitilobho, izitilobho), strop.

-tilongo (n) (itilongo, amatilongo) jail.

-tilosi (n) (itilosi, amatilosi), sailor; back ox in a span.

-timela (n) (isitimela, izitimela), train; railway engine.

-tini (n) (isitini, izitini), brick.

-tiye (n) (itiye, amatiye), tea.

-tiyela (n) (itiyela), grease; tar.

-tofu (n) (isitofu, izitofu), stove.

-toho (n) (itoho, amatoho), labour paid by task or paid by the day.

-tokoloshe (n) (utokoloshe, otokoloshe), mythical beings supposed to live near certain rivers, and to be used for purposes of witchcraft by witchdoctors.

-tolo (n) (isitolo, izitolo), store.

-tomu (n) (itomu, amatomu), bridle; reins.

totoba (v), walk with slow faltering gait.

totosa (v), pet; treat in a friendly way.

tshaka (v), squirt through gaps in teeth.

tshala (v), plant.

-tshalo (n) (izitshalo), plants sown in garden.

-tshani (n) (utshani), grass.

-tshe (n) (itshe, amatshe), stone; rock.

tsheka (v), lean over.

-tsheketshe (n) (itsheketshe, amatsheketshe), ant.

tshela (v), tell.

tsheleka (v), lend; borrow.

tshena (v), tell.

tshengisa (v), show.

-tshitshi (n) (itshitshi, amatshitshi), young girl.

-tshwala (n) (utshwala), Native beer.

-tshwele (n) (itshwele, amatshwele), chicken.

-tulo (n) (isitulo, izitulo), chair; stool.

tusa (v), praise.

-twayi (n) (utwayi), mange; scabies.

-twetwe (n) (itwetwe), nervousness.

U

ukuba (conj), that; so that.

ukuze (conj), in order that.

uma (conj), if.

V

-vaka (n) (ivaka, amavaka), coward.

-vaka (n) (ubuvaka), cowardice.

vakasha (v), visit; go for a walk.

-vakashi (n) (isivakashi, izivakashi), visitor.

vala (v), shut; close.

-valaphu (n) (imvalaphu, izimvalaphu), envelope.

valela (v), shut in; exclude.

valelisa (v), bid goodbye to.

-valo (n) (isivalo, izivalo), stopper; door.

valo (n) (uvalo, izimvalo), anxiety.

vama (v), be plentiful.

-vama (n) (imvama, izimvama), majority.

-vana (n) (imvana, izimvana), lamb.

-vangeli (n) (ivangeli, amavangeli), the gospel.

-vangeli (n) (umvangeli, abavangeli), evangelist.

vathazela (v), be unarmed.

-vatho (n) (isivatho, izivatho), clothing.

vela (v), appear; originate.

-velakancane (n) (ivelakancane, amavelakancane), rare occurrence.

-velo (n) (imvelo izimvelo), natural state.

-vemvane (n) (uvemvane, izimvemvane), butterfly.

vemve (n) (umvemve, imivemve), wagtail (bird); young calf.

vevezela (v), quiver, tremble; waver.

veza (v), bring forth; bring into view; disclose.

-vezandlebe (n) (ivezandlebe, -amavezandlebe), illegitimate child.

vika (v), guard (as from a blow); ward off.

vikela (v), defend, protect.

-vila (n) (ivila, amavila), lazy person.

-vila (n) (ubuvila), laziness.

vilapha (v), be lazy.

vimba (v), prevent; close up; stop.

vimbela (v), block the way, obstruct.

vimbezela (v), shut in; attack.

-vimbo (n) (isivimbo, izivimbo), cork; stopper.

-vinkili (n) (ivinkili, amavinkili), store (general dealer).

vivinya (v), test; examine.

-vivinyo (n) (umvivinyo, imivivinyo), (isivivinyo, izivivinyo), test; examination.

-volo (n) (uvolo, ovolo), wool.

-volovolo (n) (ivolovolo, amavolovolo), revolver.

-vondwe (n) (ivondwe, amavondwe), cane rat.

vota (v), vote.

-voti (n) (ivoti, amavoti), vote.

vova (v), strain beer.

-vovo (n) (ivovo, amavovo), beer strainer, (pl.), beer dregs.

-vu (n) (imvu, izimvu), sheep.

-vu (n) (uvu, izimvu), grey hair.

vuba (v), mix together (as food).

vubela (v), mix with a ferment.

-vubelo (n) (imvubelo, izimvubelo), ferment; yeast.

-vubu (n) (imvubu, izimvubu), hippopotamus; sjambok.

vuka (v), wake up; rise up.

-vukazi (n) (imvukazi, izimvukazi) ewe.

-vukusi (n) (ivukusi, amavukusi), mole.

-vukuthu (n) (ivukuthu, amavukuthu), rock pigeon.

-vukuzane (n) (imvukuzane, izimvukuzane), mole.

vula (v), open; commence.

-vula (n) (imvula, izimvula), rain.

-vulamlomo (n) (imvulamlomo, izimvulamlomo), beast or money paid to bride's father before negotiations are opened.

-vulandlela (n) (ivulandlela, amavu-landlela), Pathfinder; Boy Scout.

vulela (v), open for; let out.

vuma (v), agree; grow well.

vumbuka (v), appear suddenly.

-vume (n) (imvume, izimvume), permission.

vumela (v), permit; give permission.

vumelana (v), agree with one another.

-vumelwano (n) (isivumelwano, izivumelwano), agreement.

vuna (v), reap; side with.

vunda (v), be fertile (soil); go bad.

-vundla (n) (umvundla, imivundla), hare.

vungama (v), grumble; growl.

vunguza (v), blow (as wind).

vunula (v), put on finery (as for dance).

-vunulo (n) (imvunulo, izimvunulo), adornment.

vusa (v), awaken, rouse up; warn against danger.

vuselela (v), renew; remind.

-vuso (n) (ivuso, amavuso), warning; fear; anxiety.

vutha (v), burn; burn brightly.

vuthuka (v), drop off; fall off (as from a tree).

-vuthuluka (n) (imvuthuluka, izimvuthuluka), crumbs; small things dropped.

vuthwa (v), ripen; mature; be cooked.

vuvuka (v), swell; become inflamed.

vuvukala (v), swell; become inflamed.

vuza (v), leak.

-vuzamanzi (n) (ivuzamanzi, amavuzamanzi), venomous water snake.

-vuzo (n) (umvuzo, imivuzo), reward.

W

-wa (v) (ukuwa), fall.

-wa (n) (isiwa, iziwa), precipice; (iwa, amawa), cliff; precipice.

wabo (poss), their.

-wabo (n) (uwabo, owabo), contemporary.

wakhe (poss), his; her.

wakho (poss), your; its.

-wala (n) (amawala), action which is hurried and taken without due consideration.

walo (poss), its; his.

wami (poss), my.

washa (v), do laundry work.

-washi (n) (iwashi, amawashi), watch.

-washi (n) (umwashi, abawashi), one who does laundry work.

waso (poss), its; his; her.

wawo (poss), its.

-wayilense (n) (iwayilense, amawayilense), wireless, radio.

-wayini (n) (iwayini, amawayini), wine.

wayo (poss), their; its; his.

wazo (poss), theirs.

wedwa (pron), you alone.

wela (v), cross over (as a river); go overseas.

-wele (n) (iwele, amawele), twin.

wena (pron), you.

wenu (pron), your.

-wenu (n) (uwenu, owenu), contemporary.

-weta (n) (uweta, oweta), waiter.

wethu (pron), our.

-wethu (n) (uwethu, owethu), my contemporary.

weza (v), take across.

wisa (v), cause to fall.

-wisa (n) (iwisa, amawisa), knobkerrie.

wodwa (pron), it alone.

wohloka (v), fall down (as leaves from a tree).

wola (v), gather up, collect together.

-wolintshi (n) (iwolintshi, amawolintshi), orange.

-wombe (n) (isiwombe, iziwombe), battle; engagement.

wona (pron), it; he; they; them.

wonke (pron), the whole of it.

-wonke (n) (uwonke), everyone.

-wozawoza (n) (iwozawoza, amawozawoza), attraction.

-wula (n) (isiwula, iziwula), foolish person.

-wula (n) (ubuwula), stupidity.

-wundlu (n) (iwundlu, amawundlu), young anima

X

xabana (v), quarrel.

-xabano (n) (ingxabano, izingxabano), quarrel.

-xabo (n) (ingxabo, izingxabo), root (plant).

xaka (v), place in difficulty; feed (as sick person).

-xamu (n) (uxamu, oxamu), iguana; monitor lizard.

-xebe (n) (isixebe, izixebe), sweetheart.

xebuka (v), peel off.

xebula (v), strip off (as bark).

xega (v), be loose.

xegisa (v), loosen.

xhapha (v), lap up (as dog, cat).

-xhaphozi (n) (ixhaphozi, amaxhaphozi), marsh, swamp.

xhawula (v), shake hands.

-xhegu (n) (ixhegu, amaxhegu), old man.

-xhiba (n) (ixhiba, amaxhiba), small hut.

xhina (v), compel.

-xhobo (n) (isixhobo, izixhobo), grove (trees).

xhopha (v), dazzle; get something small in the eye.

-xhoza (n) (inxoza), fibre.

-Xhosa (n) (umXhosa, amaXhosa), member of the Xhosa people.

-Xhosa (n) (isiXhosa), Xhosa language.

xhuga (v), limp.

xhuma (v), join together; knot together; splice together.

-xhumo (n) (isixhumo, izixhumo), young buck.

xhwala (v), be chronically sick.

-xhwele (n) (umxhwele), satisfaction.

-xibongo (n) (inxibongo), small pox.

xokozela (v), talk loudly, make a hubbub.

xola (v), be even tempered; be forbearing.

xolela (v), forgive; pardon.

xolisa (v), pacify; beg pardon.

-xolo (n) (uxolo), forgiveness, pardon; goodwill.

xosha (v), drive away; chase.

xova (v), mix together (as sand and cement); walk in mud.

xoxa (v), tell a story; give an account; converse.

-xoxo (n) (ixoxo, amaxoxo), conversation; frog.

-xoxo (n) (ingxoxo, izingxoxo), conversation; discussion.

xubha (v), rinse the teeth.

-xubho (n) (isixubho, izixubho), tooth brush.

xuba (v), mix together.

xubana (v), become mixed together.

-xubevange (n) (ingxubevange, izingxubevange), miscellaneous collection.

-xuku (n) (isixuku, izixuku), crowd, group, cluster.

xukuza (v), shake vigorously (as bottle of medicine).
xwaya (v), avoid; be wary.

xwayisa (v), warn; cause to be wary.
-xwayiso (n) (isixwayiso, izixwayiso), warning.

Y

ya (v) (ukuya), to go to.
yabo (poss), their.
-yadi (n) (iyadi, amayadi), yard; piece of cloth.
yakhe (poss), his; her.
yakho (poss), your; its.
yala (v), warn; tell.
-yalelo (n) (isiyalelo, iziyalelo), warning.
-yalezelo (n) (isiyalezelo, iziyalezelo), message.
-yalezo (n) (umyalezo, imiyalezo), instruction.
yalo (poss), its; his.
-yalo (n) (umyalo, imiyalo), warning.
-yaluyalu (n) (isiyaluyalu, iziyaluyalu), commotion, disturbance.
yaluza (v), move about in commotion; be restless, agitated.
yami (poss), my.
yaso (poss), its; his; her.
yawo (poss), its; their.
yayo (poss), their; its.
yazo (poss), their.
yebo (interj), yes.
yedwa (pron), she alone; he alone.
-yembe (n) (iyembe, amayembe), shirt.
yeka (v), leave off; stop.
-yeka (n) (iyeka, amayeka), acre.
yekela (v), leave off; let alone.
yena (pron), he; she; it.

yenda (v), sway.
yenga (v), entice.
-yengo (n) (isiyengo, iziyengo), something attractive; enticement.
yethu (poss), our.
-yezi (n) (isiyezi), giddiness.
-yihlo (n) (uyihlo, oyihlo), your father.
-yihlomkhulu (n) (uyihlomkhulu, oyihlomkhulu), your grandfather.
-yingi (n) (isiyingi, iziyingi), circle.
yini (cop), what is it?; is it so?
yini (cop), it is you.
-yinki (n) (uyinki, oyinki), ink.
-yise (n) (uyise, oyise), his or her father.
-yisemkhulu (n) (uyisemkhulu, oyisemkhulu), his/her/their grandfather.
yithi (cop), it is we.
yodwa (pron), they alone; he alone; it alone.
-yoli (n) (iyoli, amayoli), stramonium; stinkblaar.
yomibili (pron), both.
yomihlanu (pron), the five of them.
yomine (pron), the four of them.
yomithathu (pron), the three of them.
yona (pron), they; he; she; it.
yonke (pron), all of them; the whole of it.

Z

-za (v), come.
-za (n) (iza, amaza), wave (sea).
-za (n) (isiza, iziza), building site; erf; plot of land.
zabo (poss), its; their.

zaca (v), become thin.
-zaca (n) (umzaca, imizaca), fighting stick.
-zagiga (n) (uzagiga, ozagiga), mumps.
zakhe (poss), his; her.

zakho (poss), your; its.
zala (v), give birth.
-zala (n) (umzala, abazala), cousin.
-zala (n) (umzala, imizala), ashes.
zalana (v), be related by blood.
zalela (v), lay eggs; give birth for.
-zali (n) (umzali, abazali), parent.
zalo (poss), its; his; her.
-zalo (n) (inzalo, izinzalo), offspring; profit; dividend.
-zalo (n) (isizalo, izizalo), mouth of river; womb.
-zalwane (n, umzalwane, abazalwane), person belonging to the same group of people.
zama (v), try.
zamazama (v), move to and fro; quiver, quake.
zambane (n) (izambane, amazambane), round potato.
zami (pron), my.
-zamo (n) (umzamo, imizamo), effort; endeavour.
zamula (v), yawn.
-zankosi (n) (uzankosi, ozankosi), handcuff.
-zansi (n) (umzansi), lower part of body; wind from the South.
-zansi (n) (izansi, amazansi), coastal belt.
-zanyana (n) (umzanyana, abazanyana), nurse for baby.
zaso (poss), its; his; her.
-zathu (n) (isizathu, izizathu), reason; cause.
zawo (poss), its; their.
-zawu (n) (uzawu, izinzawu), sharp instrument for making incisions in the flesh.
zawula (v), to make incisions.
zayo (poss), their; its; his.
-zazisa (v) (ukuzazisa), to have a good opinion of oneself.
zazo (poss), their.
-ze (n) (ize, amaze), something of no importance: nothing.

-ze (rel), naked.
-zembe (n) (izembe, amazembe), axe.
-zenga (n) (izenga, amazenga), groove; segment.
zenu (poss), your.
-zenzela (v) (ukuzenzela), to do for oneself.
-zenzisi (n) (umzenzisi, abazenzisi), hypocrite.
zethu (poss), our.
-zeze (n) (izeze, amazeze), flea.
-zi (n) (umuzi, imizi), kraal; inhabitants of kraal.
ziba (v), mislead; pretend.
-ziba (n) (isiziba, iziziba), patch (as on cloth); pool.
zibekela (v), cover (as with lid).
-zibekelo (n) (isizibekelo, izizibekelo), lid.
-zibuko (n) (izibuko, amazibuko), large pool in river; place where river may be forded.
zibula (v), bear first child.
-zibulo (n) (izibulo, amazibulo), first born.
-zibuse (n) (uzibuse, ozibuse), self-government.
-zibuthe (n) (uzibuthe, ozibuthe), magnet.
zika (v), sink down; settle (as mud in water).
-zika (n) (inzika), sediment.
-ziki (n) (umziki), reedbuck.
-ziko (n) (iziko, amaziko), fire place.
zila (v), mourn; fast (abstain from food).
-zila (n) (umzila, imizila), track.
-zimba (n) (umzimba, imizimba), body.
-zimu (n) (izimu, amazimu), cannibal.
zimuka (v), grow large; grow fat.
zindla (v), think over; meditate.
zingela (v), hunt.
-zingeli (n) (umzingeli, abazingeli), hunter.

-**zinyane** (n) (izinyane, amazinyane), young of goat; young of one of the smaller animals.

-**zinyo** (n) (izinyo, amazinyo), tooth.

zinza (v), settle down; sit down.

-**zipho** (n) (uzipho, izinzipho), toe-nail; finger-nail; claw.

zodwa (pron), they alone.

-**zolo** (n) (izolo), yesterday.

-**zolo** (n) (amazolo), dew.

zona (pron), they themselves.

zonda (v), dislike; hate.

-**zondo** (n) (inzondo), hate; dislike.

zonhlanu (pron), all five of them.

zonke (pron), all of them.

zontathu (pron), all three of them.

zotha (v), be calm, mellow; be dignified.

-**zotha** (n) (isizotha), dignity, self possession; calmness.

-**zozo** (n) (uzozo, ozozo), Natal sore.

-**zuka** (n) (uzuka, ozuka), sixpence, 5 cents.

-**zukulu** (n) (umzukulu, abazukulu), grandchild.

zula (v), roam about.

-**zulu** (n) (izulu), heaven; sky; weather; lightning.

-**Zulu** (n) (isiZulu), Zulu language.

-**Zulu** (n) (umZulu, amaZulu), member of the Zulu people.

-**zululwane** (n) (inzululwane, izinzululwane), giddiness.

zuma (v), surprise.

zungeza (v), surround.

-**zungu** (n) (isizungu), loneliness.

-**zungu** (n) (uzungu), conspiracy, plot; treachery.

zuza (v), obtain.

-**zuzo** (n) (inzuzo, izinzuzo), profit; something gained.

-**zuzu** (n) (umzuzu, imizuzu), short space of time; moment.

zwa (v) (yizwa), hear; listen; taste; smell; feel; sense; live, be alive.

-**zwa** (n) (umuzwa, imizwa), nerve.

zwakala (v), be audible.

zwana (v), be friendly; understand each other.

-**zwani** (n) (uzwani, izinzwani), toe.

-**zwe** (n) (izwe, amazwe), land; country.

-**zwe** (n) (isizwe, izizwe), nation; people.

zwela (v), sympathise with.

-**zwi** (n) (izwi, amazwi), voice, word.

-**zwibela** (n) (izwibela, amazwibela), chip of wood.

-**zwilili** (n) (umzwilili, imizwilili), canary.

APPENDIX I

ABSOLUTE PRONOUNS

	Singular	*Plural*
1st Person	mina (I, me)	thina (we, us)
2nd Person	wena (thou, you)	nina (you)
3rd Person Class 1	yena (he, she, him, her)	bona (they, them)
2	wona (it)	yona (they, them)
3	lona (it)	wona (they, them)
4	sona (it)	zona (they, them)
5	yona (it)	zona (they, them)
6	lona (it)	zona (they, them)
7	bona (it)	
8	khona (it)	

APPENDIX II

DEMONSTRATIVE PRONOUNS

1st Position—this, these
2nd Position—that, those
3rd Position—that yonder, those yonder.

Class	1st Pos.	2nd Pos.	3rd Pos.
1	lo, lona	lowo	lowaya
	laba	labo	labaya
2	lo, lona	lowo	lowaya
	le, lena	leyo	leya
3	leli	lelo	leliya
	la, lawa	lawo	lawaya
4	lesi	leso	lesiya
	lezi	lezo	leziya
5	le, lena	leyo	leya
	lezi	lezo	leziya
6	lolu	lolo	loluya
	lezi	lezo	leziya
7	lobu	lobo	lobuya
8	lokhu	lokho	lokhuya

APPENDIX III

QUANTITATIVE PRONOUN

	Singular	*Plural*
1st Person		**sonke** (all of us)
2nd Person		**nonke** (all of you)
3rd Person Class 1	**wonke** (whole of him/her)	**bonke** (all of them)
2	**wonke** (whole of it)	**yonke** (all of them)
3	**lonke** (whole of it)	**onke** (all of them)
4	**sonke** (whole of it)	**zonke** (all of them)
5	**yonke** (whole of it)	**zonke** (all of them)
6	**lonke** (whole of it)	**zonke** (all of them)
7	**b'onke** (whole of it; all)	
8	**konke** (whole of it; all)	

	Singular	*Plural*
1st Person	**ngedwa** (I alone)	**sodwa** (we only), etc.

APPENDIX IV

QUALIFICATIVE PRONOUNS WITH POSSESSIVE BASE
STEMS

	Singular	*Plural*
1st Person	**-mi** (mine)	**-ithu** (ours)
2nd Person	**-kho** (thine)	**-inu** (yours)
3rd Person Class 1	**-khe** (his, her)	**-bo** (their)
2	**-wo** (its)	**-yo** (their)
3	**-lo** (its)	**-wo** (their)
4	**-so** (its)	**-zo** (their)
5	**-yo** (its)	**-zo** (their)
6	**-lo** (its)	**-zo** (their)
7	**bo** (its)	
8	**kho** (its)	

PREFIXES

3rd Person Class 1	**owa-**	**aba-**
2	**owa-**	**eya-**
3	**ela-**	**awa-**
4	**esa-**	**eza-**
5	**eya-**	**eza-**
6	**oĺwa-**	**eza-**
7	**oba-**	
8	**okwa-**	

Examples: **owami** (mine), **elami** (mine), **esami** (mine), **eyami** (mine).
abakho (thine), **awakho** (thine), **ezakho** (thine, etc.
depending on the Class of the governing Noun.